문학과지성 시인선 258

부론에서 길을 잃다

김윤배 시집

문학과지성 시인선 258
부론에서 길을 잃다

초판발행 / 2001년 11월 16일
2쇄발행 / 2003년 11월 19일

지은이 / 김윤배
펴낸이 / 채호기
펴낸곳 / ㈜문학과지성사
등록번호 / 제10-918호(1993. 12. 16)

서울 마포구 서교동 363-12호 무원빌딩(121-838)
편집: 338)7224~5 FAX 323)4180
영업: 338)7222~3 FAX 338)7221
홈페이지/ www.moonji.com

ⓒ 김윤배, 2001. Printed in Seoul, Korea
ISBN 89-320-1294-6

* 잘못된 책은 바꾸어드립니다.
* 지은이와 협의하여 인지를 생략합니다.
* 이 책의 판권은 지은이와 문학과지성사에 있습니다.
  양측의 서면 동의 없는 무단 전재 및 복제를 금합니다.
* 이 책은 한국문예진흥원 창작 지원금을 받아 출간했습니다.

문학과지성 시인선 258
부론에서 길을 잃다
김윤배

2001

시인의 말

나는 내게 왔던 이름들을 어루만지며 시간이 모든 이름들에게 어째서 참혹한 것인지를 본다.

모든 이름들의 시간과의 사투는 처절하고 장엄하다. 그 패배의 비극적인 아름다움이 시편이 된다.

이 시편들은 내 말이 시간을 건너려는 열망의 기록이다. 열망은 나를 살아 있게 한다.

2001년 늦가을
김윤배

부론에서 길을 잃다

차례

▨ 시인의 말

제1부
석포리 가는 길 / 9
조용하고 무거운 슬픔 / 10
그녀에게서 몸을 빼다 / 12
작은 저수지에서 생긴 일 / 14
독곶리의 겨울 / 15
새의 무게가 나를 이긴다 / 16
소래포구 / 18
섬강 가는 길 / 19
가마우지를 위한 노래 / 20
안면도 시편 / 22
바람 속의 열매 / 26
상실이 오랜 후에 / 28
목계강물 / 29
애기똥풀꽃의 물음 / 30
도비도의 일몰 / 32
삼길포구 / 34
아나바스 스칸덴스를 꿈꾸다 / 36

제2부
서안에서는 사람이 빛난다 / 41

순례자 / 42
빨강 침대 / 44
장구와 흰 소매 / 46
물너울 걷고 있는 소년 / 48
백야를 건너며 / 50
열네 살의 봄 / 51
페티의 집 / 52
절망하는 눈 / 53
세상을 비스듬히 살아보지 않았다면 / 54
달맞이꽃이 있는 풍경 / 55
뽕밭 속의 아그네스 / 56
겨울 양수리에서 / 59
철새를 꿈꾸는 총구들 / 60
백령 뱃길 / 62

제3부
부론에서 길을 잃다 / 65
돌모루 가며 / 66
우리는 모두 어디를 향해 가고 있다 / 68
잃어버린 나는 이미 그곳에 가 있다 / 70
가문비나무숲에 대한 기억 / 72
석남사 가는 길 / 73
달빛이 나의 옷을 찢다 / 74
내 가슴에 사과나무 생목 타고 있다 / 76
배론을 찾아서 / 78
내 안에 갇힌 나 / 80

시간들의 종말 / 81
봄 / 82
山菊 / 83
침묵은 숲이 견디고 있는 상처이다 / 84
변하는 것은 아름답다 / 85
시간들의 풍경 / 86

제4부
그 여자는 시간을 건너뛴다 / 91
낮달 / 92
남행 / 94
깊고 슬픈 강물 / 96
정라진 항구 / 98
새벽 후포항 / 100
조치원 / 101
아카시아 군락을 보며 / 102
호탄리의 시간들 / 104
무화과나무의 힘 / 105
소리의 영혼들 / 106
밤나무들의 소망 / 108
감은사지를 가다 / 110
일죽장터 / 112
동행 / 113

▨ 해설 · 시간의 슬픔과 소멸의 아름다움 · 김병익 / 114

제1부

석포리 가는 길

석포리 가는 길은 바람길이다
바람이 길을 내고 길은
바람 속을 흔들리며 간다
서해가 내륙 깊숙이 찌르고 들어와
비수로 박힌 석포 들판, 이미 많은 길들에
사타구니를 열어주었으니 길이
다른 길을 달고 달아나 석포리의 길은 늘
바다의 날카로운 끝에 선다 바람 속의 길은
위태로운 칼날 위에서 잠들었으므로
바다를 가두던 가슴 속 출혈은 멈추지 않는다
폐염전은 검붉은 혈흔 위에 있다
바다를 말리던 바람과 햇살이
갈대꽃 위에서 쓸쓸한 한 생을 뉘우칠 때
이곳에서 투명한 몸을 이루어 떠난 소금의
길은 나를 떨게 한다 갯벌 아래
오랜 시간 잠들어 있던 검붉은 해초
석포리의 폐염전에 솟아오른다
검붉은 해초가 피워올린 소금꽃으로
석포리의 염전이 환해진다

조용하고 무거운 슬픔

초병은 중간에 차를 세우거나
내리면 안 된다며 붉은 램프를 흔들었다
끝없이 달려나간 욕망은
서해의 검푸른 바다에 닿아 있다
만곡의 해안선을 따라 시화호가 거대한
몸을 석양에 기댄 채 호흡을 멈추고 있다
서서히 죽어가는 시화호, 그 죽음의 냄새가
검붉게 채색되어 방파제를 이루고 있다
욕망이 직선의 폭력을 부르며
산 바다와 죽은 바다를 가르는
방파제 멀리 송도의 낮은 풍경이 무겁다
서해 바다는 심해어처럼 미끌거리는 등을
검게 빛내며 출렁인다 바다의 검은 등은
시간이 고개를 숙이고 떠나자
붉게 물들기 시작한다 나는 서해 바다
그 무량의 삶과 죽음의 경계를 달린다
정차가 금지된 일방통행의 길은 계속된다
이 욕망의 길 끝에 무엇이 나를 기다려
바다를 향해 추락하고 있는
장엄한 일몰을 본다는 것인지

서러운 불덩어리가 쿵 하고
가슴에 박힌다 차갑고 아름다운 불길이
가슴을 확 지핀다 불길은 방파제를 넘어
시화호로 번진다 소멸하는 영혼끼리
불태울 마지막 슬픔이 조용하고 무겁다

그녀에게서 몸을 빼다

용인성당 젊은 사제는 소금인형 이야기로 주례사를 시작했다
하객 없는 결혼식은 7년간의 동거를 끝낸다는 선언이었다

소금인형이 긴 여행 끝에 다다른 곳은
검푸른 바다였습니다
소금인형은 바다를 보고 물었습니다
네 이름이 뭐니? 나? 바다라고 불러
바다가 뭔데? 어떻게 하면 너를 알 수 있니?
네 발을 내게 담가봐 그럼 나를 알 수 있을 거야
소금인형은 바다에 한쪽 발을 밀어넣었습니다
소금인형은 소리 없이 사라지는 발을 보며 말했습니다
바다야 그래도 나는 너를 알 수 없는걸
그럼 나머지 발도 넣어봐
소금인형은 나머지 발을 바다에 넣었습니다
그 발도 소리 없이 사라졌습니다
그래도 너를 모르겠어
그럼 네 몸뚱이 전부를 넣어봐
소금인형은 바다에 온몸을 담갔습니다

몸뚱이가 소리 없이 사라지고 있었습니다
소금인형은 사라지는 제 몸뚱이를 보며 말했습니다
이제야 너를 알 수 있을 것 같아
바다는 사라지는 소금인형에게 말했습니다
서로에게 모든 것을 주지 않으면서
서로를 알았다고 말하는 건 거짓말이야
이 말에 소금인형은 대답할 수 없었습니다

그는 주례사를 끝낸 젊은 사제를 노려보았다
그는 7년 동안 그녀에게 담갔던 몸을 빼고 있었다
그녀의 몸에서 낮달 하나 몸 저쪽으로 지고 있었다

작은 저수지에서 생긴 일

작은 저수지에는 여름날의 무거운 바람이 있다
여름날의 무거운 침묵이 있다 작은 저수지에는
무거운 남자들의 느릿느릿한 눈빛이 있다
작은 저수지에는 느리고 무거운 것들이 꽉 차 있다
등 붉은 잠자리 한 마리 작은 저수지를 맴돌다
무료한 하루 위에 앉는다 시간은 느리고 무겁다
잠자리의 날개가 조금씩 부서져내린다
부서져내리는 잠자리 날개 위에 무거운 남자가 오른다
남자는 솜털처럼 가벼워진다 잠시
후에 남자가 부서져내린다
잠자리 날개 위에 앉아 있던 푸른 하늘도 따가운 햇빛도
부서져내린다 흔들리는 영혼 위에서는 무엇이나
가볍게 부서져내린다

독곶리의 겨울

해안으로 달려나간 구릉지, 마른 갈대들이
거칠게 서로를 부른다 박새떼가 날아오르고
노동자들 숙소로 지어진 낮은 막사로
자우룩한 모래 바람이 몰려간다
갈기를 세우는 바다를 향해 질주하던
국도 29호선을 멈추어 서게 한
독곶리의 모래 바람, 땅콩밭을 덮었던 폐비닐이
모래 바람을 앓고 있다 유화단지를 건설하던
젊은 노동자들 거친 모래 바람 견디며
국도 29호선의 끝을 보았을 것이다
길이 이처럼 허망한 끝을 보일 때
내가 달려갈 길을 조용히 접고
노동자들의 더러운 막사로 들어
길 위의 모든 죄를 자백하고 싶다
나는 자동차 시동을 끄고 길의 끝에 선다
모래 바람이 나를, 나의 생각을 삼킨다
쑥부쟁이 마른 대궁, 모래 바람 속으로
이미 끝난 길을 떠난다 우우 쓸려가는
저 메마른 것들의 들리지 않는 비명

새의 무게가 나를 이긴다

밤마다 새들이 검은 호수를 건넌다

새들의 붉은 눈빛이 호반에 걸려 있다
호반 서성이며 탕진하던 젊은 날,
호반 건너는 새들의 깃털에 얹힌
생의 무게를 만나기는 했으리

새들은 하늘길을 버리기도 하고
한 계절의 끝을 타고
호반으로 돌아오기도 했으나
그 계절 내내 나는 어둠 깊어
새들의 날갯짓 소리 듣지 못했다

호반에 찍힌 새들의 무수한 발자국이
영혼 깨울 때까지 나는 늘
새들의 붉은 눈빛 속을 맴돌며
새들이 끌고 가는 검은 길들의 침묵을 보았다
호수를 건너고 있는 저 많은 새들
누군가의 영혼을 날아 그를 깨우리라

새 한 마리 내 안으로 선회한다
무리를 버린 새의 낮은 날갯짓이 서늘하다
새의 무게가 나를 이긴다

소래포구

소래포구에는 잠들지 못하는 바람이 있다
바람은 포구를 잇는 협궤 철로를 넘어
포장마차를 거칠게 흔든다 남루한
하루가 펄럭인다 저 바람 앞에
남루하지 않은 생이 있겠는가
나는 바람 앞에 선다 하루를 살아온
푸수수한 살들 가볍게 펄럭인다
살들은 더는 꿈꾸지 않는다
철새들이 비상을 시작하는 시간,
비상을 꿈꾸지 않는 사람들 서둘러
소주잔 털어넣는다 일몰처럼 붉어지는
가슴들, 서녘 바다를 보며 쓸쓸하다
철새 몇 마리 포구를 선회하여
갯벌을 밟는다 바람이 다시 일어선다
철새의 가느다란 다리가 휘청
바람을 이기지 못한다 바람의 작은 올에도
걸려 넘어지는 새들의 비상을
나의 메마른 살들 감동 없이 보고 있다
바람이 내 몸에 숭숭 구멍을 뚫고
지나간다 펄럭이던 내가 조용해진다

섬강 가는 길

강물 내 마음 소리 없이 흘러나간 지 오래
지금쯤 붉은 산모롱이를 돌아나갈
물길 보이지 않으니
섬강 가는 길에서 잃어버린 물길
섬강은 내게 무엇인가를 생각한다
눈부신 햇살 온몸 빙어 비늘처럼 싱그러워
나를 떨게 했던 섬강은 그 흐름조차
소리 없는 울음이어서 목메며 흘러온
한 생의 무게를 홀로 감당했었다
삼합에서 좌회전하면 나타나는 좁은 길
초입의 비포장 길은 계속된다
청보리밭 지나면 섬강 더욱 아득해져
길은 산갈대 무성한 계곡을 오른다
섬강 아스라한 산길에 적막한 오월 햇살이 고여 있다
인적 드문 산길은 새소리로 가득 차
섬강 버리지만 산길에 넋을 놓는 나이의
서글픔 지나 섬강 간다 차마
버릴 수 없는 것들을 버리며 흘러온
섬강 가며 섬강 생각 깊은 물길 잃는다

가마우지를 위한 노래

누가 너를 괴롭히느냐
너의 주인이, 그 탐욕의
말들이 너를 괴롭히느냐
이강에서의 한때를 말하며
나는 가마우지에게 묻는다

가마우지는 긴 목 움츠리고
이강 본다 불의의 일격이 숨어 있는
조용한 물길 속을 유영하는
힘찬 가슴지느러미를,
한순간 절망을 향해 크게 선회할
꼬리지느러미의 돌이킬 수 없는 후회를
물끄러미 보며 강물 속에서
물어올린 것은 헛된 식욕임을 깨닫는다
가마우지는 목에 걸려 넘어가지 않는
하루의 노역을 꺽꺽이다 부리를 벌린다
이강의 어부는 가마우지 목에서 물고기를 꺼낸다
물고기의 눈부신 비늘이 슬픔처럼 반짝인다
한때는 심해를 흐르던 물길이었을
이강을, 이강의 가마우지를 말하며

이제는 나에게 묻노니

너의 목숨이 너를 괴롭히느냐

안면도 시편

1. 해송림이여 우리는 강진 간다
해송림이여 우리는 강진 간다
수림을 치고 나오는
광폭한 바람 만난다 한들
수림이야 수림을 키운 바람 앞에 엎드려
천둥처럼 울면 되지
해송림이여 우리는 강진 간다
강진 가 동백꽃 그늘 엎드려
나 또한 천둥처럼 울고 싶어
강진 가지만 강진에 다다르지 못하는 건
뚝뚝 지는 동백꽃 눈에 밟혀
토요일 늦은 오후 내내
마음 뒷걸음질쳤기 때문
그래도 우리는 강진 간다
수림을 뚫고 바람을 뚫고 강진 가지만
어느덧 안면도의 남쪽 끝 포구에 닿는다
그곳은 섬의 끝이 아니라
생각의 끝이었다
바람의 끝이었다
내 울음의 끝이었다 해송림이여

2. 방포 바다

바다는 달빛 향해
꿈틀거리는 힘으로
제 몸 밀어올리고
제 몸 끌어내린다
밀어올림과 끌어내림 사이에
깊은 잠 같은 시간이 고여 있다
시간은 해변에 깔려 있는
조약돌 사이에 소리 없이 스민다
고여 있는 시간의 소멸을
나는 고통 없이 지켜본다
저 고여 있는 시간의 삼투 속에
내 생의 상처받은 시간들이 따라 스민다
상처받은 시간이 빠져나간 헐렁한 몸으로
나는 달빛 안는다
달빛이 나를 삼투한다
달빛의 입술이 차다
비명은 없었다

3. 언덕 위의 교회
광란하는 바람 앞에
교회의 첨탑이 떨고 있다
별빛이 함께 떤다
나는 바람을 껴안는다
바람의 거친 혀가 내 몸을 뚫고 들어온다
십자가가 흔들린다
십자가 뒤로 별들이 잠깐잠깐 숨는다
바람이 욕망을 밀어올려 언덕을 만들고
교회가 첨탑을 별빛 향해 밀어올린다

4. 모감주나무 군락
미리 늙어버린 나무를 보았다
난폭한 바람의 품을 파고드는 모감주나무들,
바람에 툭툭 가지를 꺾어
기대고 싶었던 하늘 버린다
바람 많은 밤을 견디고 나면
군락 이룬 모감주나무들
못난 것들은 못난 것들끼리 도타울,

못났기에 보이지 않는 것을 놓기란 쉽지 않아서
미리 늙은 몸들 서로 기대며
붉은 해류에 얹혀 망망하게 흘러왔을 조상 나무들의
쓸쓸한 착근을 기억하는
모감주나무들 저 누추한 군락
나는 광란하는 바람을 안고
모감주나무 모질게 휘어진 둥치 아래 쓰러져
온몸에 버석거리는 모래 소리를 핥는다
빠르게 달려가는 구름 사이로
빛나던 별들 몸 속으로 쏟아져 들어온다

바람 속의 열매

얼마나 많은 날들이 저 붉은
열매를 위해 가시 그늘을 지나갔을까

노모는 고향을 다녀오시겠다고 고집을 피우셨다
다른 자식들은 노구를 핑계로 나들이를 반대했지만
나는 바람 속 고향 가시는 노모를,
바람으로 가시는 고향을 반대할 수 없었다
바람 소리 뼛속을 파고들었을 어머니를,
어머니의 슬픔과 오욕을,
마른 살 속 환한
붉은 열매로 바라본다

바람은 열매를 흔든다
열매는 견고하다
열매는 땅으로 뛰어들 시간을 재며
더 많은 바람을 보내며
스스로 바람이 된다

붉게 익어 흔들리는 어머니를
나는 잡지 못한다 열매를 기다리는

고향의 붉은 흙이 부드러워져 틈을 벌린다

상실이 오랜 후에

상실이 오랜 후에 힘이 되는 것을
사과나무 전정을 하며 깨닫는다
잘려나간 가지의 아픔 한겨울 옹이로 뭉쳐
눈꽃 피우더니 눈꽃 핀 자리마다
사과꽃 활짝 피워 스스로를 다스리는
사과나무의 분노를 안 후
오열 없이 그대 보낸 어머니를 생각한다
분신으로 한 시대를 꽃피웠을 때
상실이 오랜 후에 힘이 될 것을 의심하지 않았던
그대 죽음 기리는 일이란
그대 다녀간 이 세상은 봄이면 온갖 꽃들 피어
긴 겨울 눈꽃 생각케 하지만 상실이
더 오랜 후에 소멸인 것을

목계강물

네게 낯선 물길이면 내게도 낯설어
흐르는 강물에 마음 드리우고 한낮을 비우는
산자락도 지금쯤은 허리를 펴고 싶을 때
목계강 건너 뭉게구름은 좀체 서두르지 않는다
왜 네가 조급해져서 강물 향해 마음 차넣는지
내 갈 길 아직도 몇 마장 남아 서두르며 왔던
목계나루에서 되돌아갈 너의 젊은 길 생각하며
잠시 눈길 주던 강물에 너 어찌 그리 깊은가
동행이라면 너는 참으로 아픈 동행이어서
서로의 몸을 고통으로 받아 지고 왔던 길
예쯤서 버릴 수 있다면 목계강물 홀로 저물어
어둠과 몸 섞으며 조용히 울 일이다
저기 강물 속을 너 걷는다 물속 투명한 네
길 모두 보인다 강물 울음 저처럼 투명하여
마침내 너를 두고 울컥 구름 삼킨다

애기똥풀꽃의 물음

용인 어딘가에 있다는
들꽃 박물관 찾아가다
안개에 갇혀 잠시 길을 잃는다
들꽃 박물관이라니, 마음속 잡초 우거져
개망초 쑥부쟁이 쇠비름 자운영
쇠뜨기 며느리밑씻개 무성한데
유독 애기똥풀꽃 샛노란 꽃잎
안개 속에 수줍게 피어
조용히 숲을 흔들고 있다
가만히 들여다보니
잃은 길 보이지 않고
작은 꽃잎 위에
세상이 자라는 옹알이 무수히 얹혀
서로를 부르고 있다
저 옹알이가 숲을 흔들고 있었나 보다
숲이 기쁨처럼, 슬픔처럼 흔들린다
애기똥풀꽃이 나를 향해
무엇이 기쁨이고 무엇이 슬픔이냐고 묻는다
나는 잡초 무성한 마음 속에 있는
답을 더듬거린다

들꽃은 들꽃에 기대 아름다운 세상을 열고
애기똥풀 작은 꽃잎 위에 얹혀 있는 세상은
안개 부드러운 속살을 흐른다

도비도의 일몰

붉은 해는 생각을 멈춘 듯 주춤거린다
녹안리의 하늘 불타고 붉은 적막이
가파른 해안을 들불처럼 번져간다
한 세기가 끝나기 전
도비도의 일몰 보아야 한다는 듯
오랜 시간 바닷바람에 마음 내던진다
일몰의 순간 펄럭이며 떠나는 물길에 얹혀
시간이 끼룩끼룩 갈매기처럼 운다는 걸
어찌 몰랐을까 이제는
되돌아가야 할 먼 길을 염려하며
어두워지는 바다를 본다
검붉게 타오르는 물비늘에 얹혀
온갖 욕망들 거대한 구렁이처럼 꿈틀대는
일몰의 바다는 참회조차
오욕으로 바꾸어놓는다
서해의 물빛이 부드러워지는 시간을 헤아려
이곳 도비도를 떠난다 해도 가슴 아래
숨어 흐르는 먹먹한 시간들은
언젠가 환하게 아플 것을 안다

도비도에서의 참회는 짧고 깊다

삼길포구

거대한 송유관에 걸린 붉은 해를 아버지는
애써 외면한다 초등핵교만 졸업을 했어두
이렇게는 살지 않을 것이여 아버지 목소리에
슬픔이 고인다 조카놈도 시상 돌아가는 얘길 좀체
해주질 않구, 모두 눈이 뒤집힌 게야 보상, 거 좋지
기래 저 울렁이는 풋가심 거튼 바다를 내주고
돈 몇 푼으로 입을 씻어 못난 사람들이라구
아버지는 어둠으로 서 있다 거칠어진 바다가
제 몸뚱이를 우렁우렁 밀고 와
아버지 묵은 발 앞에 허옇게 엎어진다
대산유화단진가 뭔가 들어온다구 난리를 칠 때
나는 다 알아봤구나 대난지도 소난지도 턱 걸쳐
밤새 어망을 치고 물때를 지둘러 느그 엄니를
이 방파제루 불러내지 않았건냐 아버지는 어둠 속에서
눈을 지그시 감고 바다의 숨소리를 듣고 있다
처녀 입에서는 멍게 뒷맛 같은 향기가 났었지
포구는 쉽게 어둠에 몸을 맡긴다 바람은 거대한
송유관을 타고 넘어 포구를 흔들어댄다
아버지는 새파란 하현달을 끝내 놓지 않고 있다
애비는 물 들고 써는 소리 가슴 미어지고

늙은 살 구석구석 탱탱해지능 거이 한 몸살인디
객지로만 떠돌던 느그들이 어찌 한사리 물때
벅찬 심을 알겠능가 포구 우에 새파란 달 빠르게
폐선을 끌고 간다 폐선이 가 닿을 수평선은 이미
아버지 흐린 눈앞에 다가와 둥근 등을 보인다

아나바스 스칸덴스를 꿈꾸다

내가 꿈꾼 것은 바람 부는 언덕에서 바라보는 푸른 밀밭이거나 풀벌레 소리 가득한 여름 밤, 어둠을 긋고 사라지는 별똥별의 비명이었을까 강물의 흐름에 맡겨 사색의 집을 짓던 나는 왜 갑자기 바람 부는 언덕에 서고 싶었을까.

아나바스 스칸덴스는 강물을 나섰다
강안을 기어올라 떠나온 강물을 보았다
강물은 은빛 물비늘을 눈부시게 반짝이며 흘렀다
비늘이 마르기 시작하자 갈증이 왔으나
설렘이 몸 속을 채워 투명했다
아나바스 스칸덴스는 언덕을 향해
가슴지느러미를 밀었다
안개 갠 언덕에 오르기만 하면 꿈꾸던 세상 환하리라
상처투성이의 비늘은 불붙어 타오르고
갈증은 죽음처럼 왔다
아나바스 스칸덴스가 언덕에 올라 안개를 밀어냈을 때
떼죽음 한 물고기들이 벌판 가득 보였다
바람도 함께 죽어 있었다
아나바스 스칸덴스는 태양을 올려다보았다

붉은 태양이 백색으로 타오르며
아나바스 스칸덴스의 눈빛 속으로 굴러 떨어졌다
아나바스 스칸덴스는 가슴지느러미를
조심스럽게 움직여
죽음의 벌판을 향했다 밤이 오고 은하의 옷자락이
아나바스 스칸덴스를 덮기 시작했다
별빛 묘지처럼 고여 있는 벌판에 다다른
아나바스 스칸덴스는 자신의 몸이 부패하여 나는
비린내를 맡으며 더 이상 움직이지 않았다
강물은 죽음보다 멀리 있었다
별똥별이 아나바스 스칸덴스의 검은 눈을
긋고 사라졌다
벌판은 예감으로 가득 찼다

제2부

서안에서는 사람이 빛난다

내가 서안을 밟았던가 혹 서안이 나를
밟고 지나간 것은 아니던가 모래 바람
내 안 가득하니 시간의 켜켜에 깃들인 뼈들
메마른 기침을 한다 여름 아지랑이 속의 서안은
타클라마칸을 향해 가는 가물가물한 통증이었다
황토 분진의 서안이 조용히 사막을 향해 가며
성곽, 그 견고한 언약을 허물고 있는데 내가
나를 허무는 통회의 서안에 전설처럼 어둠 온다
서안에선 백 년이나 2백 년은 순간이어서
나는 먼지처럼 가볍다 언약의 가벼움을 말하던 너는
나보다 먼저 서안을, 아니 시간의 켜켜한
골짜기를 알고 있었나 보다 별들 흐려
부끄러운 서안의 밤하늘,
사라진 이름들 보일 듯하다
호텔로 돌아오는 불결한 도로에는
사람들이 넘친다 저 많은 서안 사람들을
이끌고 가는 언약의 힘을, 그 굴종과 배반의
아름다움을 서안 사람들 표정에서 읽는다
아직도 도굴되지 않은 언약에 대한 믿음이
정금처럼 빛나는 저 묵묵한 서안 사람들

순례자

낡은 사원을 순례하기 시작했다
사원은 젊은 날 지워지지 않은 지문이 이룬 강물
고요히 잠겨 풍경을 흔든다
돌계단 오르는 무릎에서
바람 든 풍경 소리 들린다
돌계단 지나 풍화된
긴 시간의 회랑 돌아갈 때
젊은 사제 향로를 흔들며 지나가고
소리가 사라진 시간 속으로
사원의 낡은 그림자 키를 늘이면 해진 생각들
사원의 그림자에 걸린다 가벼워진
돌기둥들 서로 부딪쳐 대숲처럼 울고
윤회나 환생은 어두웠다
생각이 파내려간 미로를 더듬어
한 출구에 도달하겠지만
거기에 먼저 와 있는 절망하는
이름들 낡아가고 낡은 것들의 영혼
힘겨운 순례길에 동행한다
사원을 강물처럼 흘러간 기원들
몸 곳곳에 미라로 누워 있다

그래도 나의 순례는 멈추지 않는다

빨강 침대

빨강 침대는 새벽 안개 젖어 사라졌지만
제니의 웃음 남아 있을 것 같아
오래도록 엘관홀 골목 헤매었다

제니의 집 편지꽂이에는
받아 읽지 않은 편지가 수북이 쌓여
엘관홀 골목 더러운 젊은 날 지워가고
현관 앞에 버려진 제니의 빨강 침대
한때 제니의 몸이어서 수많은 지아이들이
빨강 침대에 누워 제니를 꿈꾸게 했다
첫 경험은 언제나 참혹한 눈물이어서 흑인 병사
거대한 아메리카를 입 속에 넣었던 날
진저리치는 기억을 자주 웃었었던 제니
거대한 아메리카에 한 발 올리고
비릿하던 젊은 날을 흘깃 뒤돌아볼 때
노랗게 변한 손등으로 서해의 노을이 지고
빨강 침대는 오래도록 그 자리에 버려져 있었다

빨강 침대는 늙은 송탄이었다
송탄은 가랑이 사이로 펼쳐진 활주로였으며

송탄은 검고 큰 것들 그 점액질의
삶이었으므로 비굴한 분노
여름날, 엘관홀 골목을 채워 흐른다

장구와 흰 소떼

광교산 자락에 흰 소 몇 마리 기르며
혹 가야금을 뜯기도 하고
장구채 고추잡기도 하는 홍씨 농장 안주인
무허가 음식점 개점 내내 날아갈 듯
반회장치마저고리를 펼쳐 화사하게 웃지만
그 웃음의 숨은 뜻 누구도 알아채지 못한다
빈 대청마루 홀로 지키는 장구를
스르릉 울리며 밤바람 휘돌아 나가고
눈가 잔주름 접으며 애써 웃는 안주인
푸념처럼 밀주 몇 잔 거푸 비우지만
봄밤 혼자는 울지 않는다
동산에 둥근 달 붉게 올라
광교산 자락 훤히 비출 때
안주인 장구 웃음 터진다
달빛 환한 산자락 맴도는
흰 소의 울음 들었던 것일까
마음 붉힌 장구채가 몰고 가는 흰 소떼들
울음 소리에 갇혀 달빛 촉촉한 안주인
참으로 오랜만에 버선발 살풋 들어
흰 소의 잔등에 오른다

그 밤 누가 붉은 달빛을 안았는지

나는 달빛 잔등에 얹고 광교산 오르는 흰 소떼 보았다

물너울 걷고 있는 소년

정라진항 가파른 별빛 쏟아지고
소년 별빛 밟으며 물너울 걷고 있을 때
새벽 술자리 벗어나 그 여자 선주들 맞으러
일출다방으로 나간다 새벽 안개 여자를 감싼다
부두의 어둠이 대나무 줄기처럼 푸르게 서서
그 여자를 기다리고 있는 동안 먼 물너울 밟아온
소년의 장딴지에서는 미역 내음이 났다
눈 붉은 선주가 들어서자마자
여자의 엉덩이를 거친 손바닥으로 핥았다
이따위 짓거리 할라거든 일출다방 오지 마
물속 내 아들 아니었으면 나 이 바닥 벌써 떴어
새벽부터 지랄하고 있네 씨발
여자는 눈으로 웃으며 악다구니를 퍼붓는다
그럴 때마다 검은 바다로 불빛 하나씩 터져나가
소년이 오는 길목 밝혔다
소년은 내항 번들거리는 바다 밟고 서서
일출다방 밀고 나오는 불빛에
근육이 붙기 시작한 등판 익힌다
만선 기다리는 선주들 하나둘
일출다방으로 모여들고

여자의 웃음 소리 집어등처럼
환하게 일출다방 밝힐 때
소년은 물너울 밟고 온 길 되돌아간다

백야를 건너며

모스크바 처녀들은 우리들 가슴 두드려
밤을 흥정한다 백오십 불에서 백 불로
자작나무숲 바람 소리 깊어갈수록
몸값 낮아진다 우리들은 설렘 없이
처녀들 불러들인다 코스모스호텔이
자작나무숲으로 은밀한 눈짓을 보낸다
자작나무숲에는 밤이 눈뜨고 있다
호수처럼 푸르게 출렁이는 처녀들 눈빛에
백야가 허우적댄다 한 처녀 자작나무숲에 눈길 주다
금발을 쓸어올리며 익숙하게 밤을 벗어 던진다
우리들은 진로소주에 취해 아리랑을 합창하고
누군가의 거친 숨결 첨벙 호수 속으로 추락한다
한 처녀 비명 지른다 우리들은 웃는다
또한 처녀 따라 웃는다 우리들은 웃지 않는다
더럽고 황홀한 순간 소련군 충혈된 눈빛이
우리들 덮친다 전쟁은 언제나 참혹한 분노였다
노랫소리 멎고 누군가 조용히 일어나
자작나무숲으로 들어간다 숲이 조용히 흔들린다
자작나무숲이 누군가의 울음으로 백야를 건넌다

열네 살의 봄

평택 동방동산 열네 살 미혼모의 집
숲속으로 수줍게 숨는 새하얀 벽,
유월 햇빛 찬란한 벽의 조용한 정적을 깨며
앰뷸런스 한 대가 광장을 빠져나간다
사춘기의 봄부터 시작된 진통,
살이 찢기지 않으면
돋아나지 못하는 봄잎이
그녀를 눈뜨게 했으리라
푸른 하늘만 보아도
눈물 나는 열네 살의 봄이
그녀의 살을 찢고 달아난 후
때늦은 봄잎이 웃음 많은 배를 부풀게 했다
복사꽃잎 같던 젖꽃판 검붉게 물들이며
한 계절이 그녀의 희고 가는 허리를 떠나고
열네 살의 비명, 그 긴 터널을 지나
미혼모의 집은 수줍은 흰 벽을
숲속으로 숨기고 있다

페티의 집

나는 페티의 집* 현관에 그려져 있는 거대한
성기를 본다 성기는 사내의 무릎에 닿아 있다
폼페이 최후의 날
도시의 모든 거룩한 언덕이 열려 있었다
희고 아름다운 언덕 위를 오르거나 내리던 사내들이
영원한 석상으로 남는 순간의 열락을
고급 창녀 페티는 웃으며 보여준다
그날도 방마다 포도주 넘치고
교성 터져 찰랑찰랑 하수구 흘렀을 거라며
성애 속으로 숨은 도시의 비탄을
페티는 납 중독으로 파랗게 변한 입술을
성기처럼 벌려 말한다
골목마다 팔등신의 처녀들이 옷소매를 잡아끌고
붉은 등 걸린 좁은 포장길을
귀족들의 마차가 지나간다
골목으로 시간이 빠르게 흘러간다
먼지의 작은 입자들이 시간이 흘러간 골목을 떠돈다
절정의 순간 뒤엉켜 있던 남녀의 화석이 풍화되어
떠도는 미세한 입자들은 시간을 뛰어넘어 살아 있다

* 폼페이에서 발굴된 창녀의 집.

절망하는 눈

처참한 육신의 해체, 피난 행렬이 무너지며 쏟아진
포탄은 찢겨나가는 살들 서로 부르게 한다
가슴에 다리가 얹히고 턱과 혀가 멀리서
서로를 찾고 있는 모습을 보는 절망하는 눈
오래 입은 옷처럼 익숙하고
헐렁한 육신 찾고 있는 저 눈
늙은 여자 찢긴 시체 사이를 기웃거리는 사이
사내의 눈이
여자를 보고 있지만 익숙한 모습 아니어서 슬픈 저 눈
해체된 자신을 보며 떨고 있을 아내를 찾는
사내의 시들어가는 저 눈
오, 절망하는 모든 것들이 열고 들어가는
저 비탄의 문, 모든 기억 속의 전장이여

세상을 비스듬히 살아보지 않았다면

 세상을 비스듬히 살아보지 않았다면 창마다 입김처럼 피어오르는 따스한 불빛이 얼마나 큰 슬픔인지 알 수 없습니다

 세상을 비스듬히 살아보지 않았다면 마지막 전동차의 브레이크 소리 빈 가슴 울리는 사당이나 구파발 종점의 어둠이 얼마나 아픈 상처인지 알 수 없습니다

 세상을 비스듬히 살아보지 않았다면 할 일 없는 봄날 마음 그늘 흐드러진 진달래꽃 무덤이 얼마나 사무친 밥그릇인지 알 수 없습니다

 세상을 비스듬히 살아보지 않았다면 미명, 아내 유리그릇 부딪는 잔잔한 울음이 얼마나 기막힌 위안인지 알 수 없습니다

 세상을 비스듬히 살아보지 않았다면 새벽 3시 서울역 대합실 노숙의 꿈이 얼마나 속 쓰린 사랑인지 알 수 없습니다

달맞이꽃이 있는 풍경

생존자들 터널 벽 탄흔 더듬으며 악몽 깰 때
부대 정문 앞 파라다이스 골목은 지천으로
달맞이꽃 피어 아메리카를 부르고 있다
아메리카는 털북숭이 가슴을 흔들며 웃고
나는 곁눈질로 달맞이꽃 육중하고 두려운
노란 꽃판 훔친다 대낮 달맞이꽃들
허벅지에 흐르는 뜨거운 숨결 캔맥으로 달래며
아메리카를 꿈꾸고 있다
우리도 어린 날 아메리카를 꿈꾸며
추잉껌 구걸하다 주먹감자를 먹였다
지아이들 자동화기로 우리들 겨누어
투투투투 입술총 난사하며 웃었다
철둑에 신작로에 터널에 짧은 비명 후
오랜 침묵이 왔다
아이들이 침묵 속으로 사라지고
달맞이꽃 구름처럼 피어
낮술 취해 아메리카를 노래한다
이제는 위대한 조국을 배반해도 좋을
팔월, 달맞이꽃들 노랗게 웃는다

뽕밭 속의 아그네스

아그네스가 뽕밭에서 처음 본 것은
오디처럼 붉은 별들의 무더기였다
별무더기는 아그네스의 창백한 허벅지를
타고 흘러내려 뽕밭을 적셨다
아그네스는 검붉은 오디를 세며 별들이
팥죽처럼 흐르는 뽕밭에 누워 있었다
아그네스는 열 손가락을 다 꼽아도 모자라는
세상을 알 수 없었다
아그네스의 세상은 듬성듬성 구멍 난 세상이어서
작은 가슴을 쥐고 있는 사내가 몇 번째
사내인지 셀 수 없었다
사내가 황급히 뽕밭을 떠나고 아그네스는
검붉은 별무더기 쏟아져 낭자한 뽕밭에
오래도록 누워 있었다 바람이 아그네스의
붉은 치맛자락 속을 살짝 들추고는
등성이로 내달았다 치마 속에는 검붉은
오디들이 지천이었다

쑥국새가 울었다

마을은 오래된 수도원이었다
하현달 날카로운 발뒤축 조심조심
나뭇가지 사이로 옮기고
늙은 사제처럼 소리 없는 발걸음 하나
아그네스의 침실로 들었다
아그네스의 치마 속에는
검붉은 오디가 낮처럼 밝았다

아그네스는 뱃속에 자라고 있는 검붉은
상현달을 알지 못했다
아그네스는 밤마다 오디를 먹었다
입술이 검붉게 물들었지만
달이 자라는 소리는 아름다워
아그네스는 더 많은 오디를 먹어치웠다
아그네스의 가슴에 밤 발자국들 어지러웠다
젖꽃판 위의 발자국들 달 그림자로 지워지고
젖꼭지 오디처럼 익을 때쯤
아그네스의 상현달은 부풀어올라 만월로 가고 있었다

아그네스의 아비도 아그네스였다

아그네스의 어미도 아그네스였다

아비 어미는 차마 탯줄로
아그네스의 만월을 감지 못했다
피 묻은 만월은 붉고 작은 울음을 터뜨렸다
조용한 마을은 술렁대기 시작했다
아그네스의 가슴으로 들었던 발자국들이 흩어졌다
늙은 발자국과 젊은 발자국이
한 집으로 달아나기도 했다

골목마다 소문이 자라고 소문처럼 어둠도 자랐다
아그네스는 어둠 속에서 웃고 있다
아그네스의 품 속 배시시 어린
아그네스의 울음 생혈 묻어 있다

겨울 양수리에서

시간과의 사투를 넘어 네가 다다르게 될
동토는 바람의 땅이었다 바람은 너보다 먼저
시간 속을 달려와 언 땅 껴안고 뒹굴었다
바람은 강철 같아 겨울 내내 쇳소리를 냈다
시간은 겨울의 끝에서 붉게 익고 너는
변하는 것의 힘을 믿으며 시간과의 사투를
여기까지 끌고 왔다 발원지의 작은 침묵을 키워
마을을 옮기고 산을 옮기며 흘러온
시간과의 밀월은, 증오는, 그 처절한 싸움은
변하는 것의 힘에 대한 믿음이 아니었으면
겨울 양수리에 다다르기 전 너는
마른 강바닥 수없이 보며 무릎 꿇었을 것이다
너의 믿음이 길을 바꾸고 길 위의
침묵을 키워 겨울 양수리에 침묵의 도시가 서고
침묵이 숲이 강안을 점령하고 침묵이 붉은 시간을
강물 속으로 밀어넣는다
길고 지루한 시간과의 사투가
저렇게 끝나지 않는다는 걸
알고 있어 너는 조용하다

철새를 꿈꾸는 총구들

유월 임진강
초록으로 물들어 흐르는
강물에 흰 부표들 떠 있다
부표와 부표 사이를 이은
초계의 신경망 뚫고 지난밤
강물 건너던 젊은이를
달빛 아래 지켜보았을 침묵의 눈빛들
살아서 강안에 다다를 수 있다면
피안의 대지를 밟을 수 있다면
죽음 같은 부동의 순간
오래도록 견디었을
적개심이 역류하는 곳
강 건너는 젊은이 목숨 위를 흐르는
강물 소리 숨죽여 한동안 경련하듯
멈추어 서던 임진강물
죽음의 깊이에 이르러
유유한 강물 보내며
매복의 밤 하얗게 질려 있는 총구들
건너오지 마
건너가지 마

불을 뿜으며
강물 차고 오르는 철새떼
슬픈 군무를 꿈꿀 때
젊은 전사 한 마리의 새로 날아오르며
겹겹 철조망 허문다

백령 뱃길

연안의 비바람 멎은 듯
사람들 마음 분주하다
무릎 근처를 서성이던 바닷바람
먼 물너울에 눈길 준다
가야 할 물길 저처럼 눈에 아리다
보이지 않는 경계선을 넘나드느라
바람의 등은 퍼렇게 멍이 들었다
언뜻 물속 군사분계선에 걸려 있는
탐스런 유방 본 듯하다 둥근 낮달의
그리움이라면 해무 사이로
언뜻언뜻 보이는 개풍이나 장단
마음 늘 벌겋게 충혈되어
파도가 뱃전을 때릴 때마다 부풀어올랐을
둥근 마을, 두런두런 사람들 말소리
들릴 듯하여 시선을 떼지 못하는 백령 뱃길
물목 턱없이 가팔라 보이는 것은
북녘 연안을 지우며 드러내며 흐르는
해무의 안타까운 모습 때문인지

제3부

부론에서 길을 잃다

부론은 목계강 하류 어디쯤
초여름 붉은 강물을 따라가다 만난 곳이니
하류의 작은 마을일 것이다
가슴에서 나는 강물 소리를 들으며
가을 건너고 겨울 건넜다
나는 그 긴 계절을 부론에 머물고 있었다
부론에 눈발 날리고 까마귀들이 날았을 때
부론의 붉은 하늘이
언 강 껴안고 울고 있는 것을 보았다
목계강은 겨울 내내 쩡쩡 소리를 내며
부론을 불렀으나
부론은 강물 향해 나아가지 않았다
강물 가득 부론 담았던 목계강은
더 깊은 소리로 부론을 불렀다
부론은 지상에 없었다 부론은
내 가슴에 남아 쓸쓸히 낡아갔다
나는 부론을 떠나고 싶었으나
지상에 없는 부론은 출구가 없었다
나는 부론에서 길을 잃었다
부론은 내 몸의 오지였다

돌모루 가며

세상이 눈물이라면 모든 어미들은 무엇이었는가
돌모루 가며 나는 묻는다 수원서 남쪽으로
한 마장, 병점서 동쪽으로 한 마장이면
어머니는 여전히 편두통이시다
돌모루는 어머니 눈물 속으로
자주 길을 떠나 영영 돌아오지 않는지
팔순의 꼿꼿한 허리를 석양빛에 기대고
남쪽 하늘 물끄러미 열고 계시다
원수처럼 사랑처럼 떠나보낸
아버지의 길이라면
붉게 저문 하늘길이
가슴으로 조용히 무너지는 시간이었으니
그리하여 언제나 어머니에게 낯선 돌모루
오늘은 남쪽 하늘이 붉다
멀리 보이는 차령산맥
붉은 기운을 받아 빛난다
어머니 갈 수 없는 저곳이
평택 지나 성환이라면 아니
천안 지나 조치원 지나
구천이라면 무슨 상관이랴

어머니 붉은 나이를 지고
하염없는 길에 들어 쉬엄쉬엄
구름이나 흩고 모으는 일이
어찌 눈물이 아니랴 마음을 덜컹대며
가는 돌모루, 바람조차 붉다
바람이 먼저 눈시울 붉혔던가 보다

우리는 모두 어디를 향해 가고 있다

 그 남자는 조용하다 그 남자의 소설 『빙어가 올라오는 계절』 초판 3천 부가 힘겨울 것이다 그 남자의 어린 신부는 임신 7개월 수줍게 웃기만 하지만 날마다 커지는 배가 세상을 밀어내고 있다

 그 여자는 조용하지 않다 『베이비』를 쓰기 위해 지아이 전용 클럽 고출력 스피커 옆에서 8년간이나 팝콘을 팔았던 그 여자, 지금은 하루 종일 커다란 모눈종이에 별자리를 그린다 그 여자의 별자리 여행은 수십억 광년이 걸려 광속 위에서 영원하다

 그 남자는 시간을 여행한다 시간은 화살처럼 날아가지 않는다 그 남자는 시간의 진행 방향을 보기 위해 자전거 페달을 밟는다 조수처럼 어느 방향을 향해 흐르고 있는 시간이 보인다 그 남자의 시간은 풍향처럼 흐르는 방향이다 시간의 지향성 위에 그 남자가 있다

 그 여자의 시간은 별자리와 함께 블랙홀 속으로 사라지고 가슴에 커다란 구멍이 뚫린다 시간은 그 여자의 가슴 속으로 사라진 것이다 영원히 늙지 않는 그 여자의

유방이 눈부시다 가슴 구멍은 두 젖무덤 사이에 나 있다

  시가 흐르다 멈추고 다시 흐른다
  시의 흐름이 빨라진다
  시는 시간의 급류를 탄다
  시는 기억의 극한을 향해
  별자리 이동을 시작한다
  내 시가 전갈좌에서 큰곰좌로 옮겨가는
  이동 방향이 시간이다
  극한을 향해 불러오는 신부의 배가 시간이다
  모눈종이 위의 세상이 시간이다
  우리는 모두 어디를 향해 가고 있다

잃어버린 나는 이미 그곳에 가 있다

나는 잃어버린 나를 찾아 나선다
잃어버린 나는 아마도 몸 어딘가에 숨어 있을 것이다
밤마다 나의 몸이 솟아오른다 욕망이 나를 숨겨
솟아오르게 했을 것이다 잃어버린 나를 찾는 길은
솟아오르는 욕망의 곳곳에 구멍을 뚫고
놋쇠종 매달아 욕망이 흔들흔들 아래로 내려오는
소리를 듣는 일이다

나는 솟아오르는 육신에 구멍을 뚫는다
육신의 구멍으로 새로운 세상을 볼 수 있을 것이다
욕망의 돌기, 욕망의 불꽃, 욕망의 바다는 구멍이 뚫려
바람이 드나든다 바람은 쇠고리를 끌고 들어와
나의 욕망에 놋쇠종 매단다 나의 욕망이 낮아진다
 구멍 뚫린 나의 젖꼭지가, 혓바닥이, 귓바퀴가 늘어
나며
 솟아오르던 욕망은 지상을 향한다
 낮아지는 몸은 얼마나 눈물겨운가
 내가 잃어버린 나를 찾아 옮겨다닐 때마다
 놋쇠종 소리 몸 낮춘 사람들 가슴을 울리겠지만
 내 몸은 솟아오르기를 멈추지 않는다

잃어버린 나는 지상 어디에도 없다 아니다
이미 그곳에 가 있다 놋쇠종 소리의 여운 속에

가문비나무숲에 대한 기억

내소사로 드는 가문비나무 숲길에
너를 묻고 떠나왔으니
숲의 기억은 너를 넘어 선명하게 살아난다
그날 왜 선운사 피지 않은 동백을
가슴에 담아 줄포까지 내달았는지
몸보다 말을 아끼던 너를
호랑가시나무 날카로운 잎새로 달래며
내소사 가문비나무숲으로 들었을 것이다
줄포, 꿈길처럼 부드러운 해안선
붉은 햇살을 되쏘며 숲으로 밀려올 때
너는 왈칵 세상 쏟았다 나를 쏟았다
소멸하는 빛의 두려움 먼저 읽었던 너를
그 숲길에 묻으며 나는
소멸하는 것들의 광폭한 힘을 꿈꾸었다
죗값이라면 평생
멀리 있는 별 하나 품고 살 것이다
가문비나무숲에 고여 있던 시간이
내 생애를 관통하는 화살이 된다

석남사 가는 길

석남사 가는 길에서 나는 봄을 만난다
아직은 쌀쌀한 꽃샘바람 끝을 타고
황사 쌓이는 계곡 오르며 앞서가는 나는
부드러워지기 시작한 산색 취해
몸도 마음도 조금씩 놓는다
봄을 다시 보는 것으로 눈물겹던 지난 몇 해,
나는 나를 물끄러미 바라보고 있었다
내 마음 속에서 절집 스스로 허물어
적멸에 들고 있었던 석남사
높이 걸린 돌계단 느린 걸음으로 오른다
저 구부정한 모습의 세월 만나러
모두들 석남사 오르는 것일까
풍경을 느리게 흔드는
추녀 그림자 속 노오란 솜양지꽃 앙증맞게 피어
절집 침묵 지키고 있다
침묵은 부도에 얹혀
바위꽃 피우기도 하고 돌계단 허물어
세월 에돌아 가게도 하지만
솜양지꽃 피는 봄 막지는 못한다

달빛이 나의 옷을 찢다

마지막 계단에서 나는 휘청 달빛을 밟는다

옷 찢는 소리 측백나무 울타리에 꽂힌다
측백나무가 측백나무의 옷을 찢고
물푸레나무가 물푸레나무의 옷을 찢고
배롱나무가 배롱나무의 옷을 찢으며
달빛을 밀어올린다 달빛이 나뭇가지 끝으로
밀려나며 옷 찢는 소리를 듣고 있다

사람들 사이에 꽃이 필 때* 향기롭다고
너는 나를 꽃피우며 녹차를 따랐다
그윽한 녹차향 사람 사이를 날 때
너의 단아한 음계를 내려서는데
검은 병풍으로 서 있던 산 그림자
와락 달려들어 내 옷을 찢는다
꽃피울 수 없었던 나의 사람들, 사랑들

나무들이 나무들의 옷을 찢고
달빛이 달빛의 옷을 찢는다

통회의 저 달빛, 내가 나의 옷을 찢는다

* 최두석 시인의 시집.

내 가슴에 사과나무 생목 타고 있다

청류재 주인은 불구의 다리 절룩이며
사과나무 생목 태워
채 피지 않은 들꽃들 부른다
사과나무 생목 연기 청류재에 피어올라
들꽃 속잎으로 번질 때
청류재 봄 뜰 가득 화목으로 쌓아놓은
사과나무 우듬지 위로
젖은 햇살들 비명처럼 건너뛴다
사과나무 붉은 나이테 속으로
출렁이는 슬픔 때없이 내 가슴 건너오고
다복솔 아래 몰래 피어 있는
금붓꽃으로 서늘해지던 봄 그늘
온통 들꽃들의 아우성이다
저 여린 아우성의 시간은 짧고
꽃 피던 시절 잘려, 화목으로 쌓이는
사과나무 붉은 시간들은 난폭하여
목발처럼 절룩이던 가슴
화목으로 쌓인 사과나무 우듬지에
자우룩한 생연기로 눕힌다

내 가슴에 사과나무 생목 타고 있다

배론을 찾아서

배론, 슬픔 많은 땅을 향해 간다
사람의 아들을 기다렸던 반역의 지명 배론이
사람의 아들을 숨겨 배론으로 들었을 때
잠들지 못하던 밤나무숲 달빛 혼곤히 젖었다
순교를 기다리던 토굴 속 사람의 아들을 두고
슬픔 많은 배론, 밤꽃향 진동하는
밤나무숲으로 숨어버린 걸 몰랐다
몇 번이나 차를 돌려세우며
성지 배론을 물었으니 누구도
칼국수로 배론을 모독하리라고
생각하지 못했을 것이지만
나는 배론 입구의 배론칼국수집 찾아
성지를 순례한다 순례자들에게
우리밀 칼국수를 팔던 배론관광농원은
배론에 없다 낡아가는 간판만
시간 속에 고요할 뿐
칼국수가 없으면 배론도 없는
나의 여름날의 순례를 사람의 아들은
토굴 속에서 보고 있었을 것이다

성당 앞뜰 족두리꽃 여름 붉은 해 부끄럽다

내 안에 갇힌 나

거대한 돌개바람이 지상의 모든 것을 말아올린다
마음을 이루는 사물들 근육 부풀려 중력에 매달릴 때
목의 핏줄 튀어오르고 손아귀의 악력 한계를 넘어선다
욕망은 필사적으로 손아귀에 쥐고 있는 것들을 놓지
않는다
자작나무숲이 쓸려 눕는다 뿌리를 더욱 견고하게
바위 틈 사이로 밀어넣으며 쉭쉭 몰아쉬는 가쁜 숨
지상의 가지들 팽팽히 당겨 바람의 벽을 민다
작은 반란일 뿐 광풍은 모든 저항을 비웃는다
지상의 모든 욕망들, 비애들, 형체들
하늘 높이 솟구치게 만들어 스스로 미치게 하는
울울하고 두려운 힘의 소용돌이
모든 중력을 무너뜨리는 마음속 저 광풍

시간들의 종말

시간들의 늙은 웃음 소리 쌓이는 골짜기에 와 있네
언약의 피멍 흘러온 강물들 조용한 몸짓으로
내 안에 와서 누우며 시간들의 낡은 몸 끌어안네
풀잎 한 잎의 고요한 흔들림 위에 시간들이 얹히고
시간들이 침묵처럼 잠들고 시간들이 저 홀로 깨어
달빛에 몸을 맡길 때 풀잎은 시간들이 쓸쓸해 보였네
쓸쓸한 시간들, 웃음 소리가 시간과 함께 늙어갈 때
시간들은 내 모든 것을 조용하게 만들었네

봄

석남사 솜양지꽃 물속 같은 세월 지키고 있다

그 조용한 시간의 켜 속에
길고 느린 그림자 절집 오른다
허물고 다시 세우기를 거듭하는 절집
시간이 소멸로 가는 정적 깊게 쌓는다
느린 그림자 정적에 들어 움직이지 않는데
봄 석남사에는 꽃잎이 시간을 밟는다

山菊

　백령산정 오르며 나는 山菊에 얹힌다 山菊은 앙증맞은 꽃판 바람 많은 산비알에 기대 노란 햇살 받는다 山菊 조용한 격정이라면 저 작은 꽃판으로 찬 바람 맞고 보내며 독한 향 풀어 백령 뒤덮는 오기여서 산길 온통 노란 꽃판으로 든다 山菊은 장산곶 거친 물길 열어 지척으로 장연 땅 끌어다 놓는다 장연 땅마저 山菊으로 들어 백령과 어깨 비빌 때 나는 신음처럼 북의 시인에게 山菊 그 조용한 격정을 말한다 山菊 밟고 건너는 북녘 땅 울컥한 목숨인데 장산곶 검푸른 물길 가슴 빠져나가는 빈자리 물안개 찬다 물안개 검은 불꽃으로 내 가슴 치솟는다

　　山菊은 바람에 몸을 말린다
　　돌아갈 시간을 재며 마지막 향을 태우는
　　황홀한 제의에 내가 목마르다
　　북녘 시인이 손을 흔든다
　　그가 목마름을 보았다면 혹
　　바다에 나비를 빠뜨린 기림은 아니었을까

침묵은 숲이 견디고 있는 상처이다

운길산 수종사 가파른 산다실에 앉아
녹찻잔 속으로 양수리 두 물길 부른다
찻잔 휘돌아 나가는 북한강은
담고 왔던 산색 찻잔 속에 남긴다
산색마저 상처로 남는 산다실의 고요
머무르다 떠나는 모든 것들이 상처가 되는 양수리
용수철처럼 강물 튀어오르던 햇살
다실 낭떠러지 아래 세석무지에 스며
세석들 강물 소리 꿈꾸게 하지만 햇살 떠나면
상처를 알게 될 저 신열의 웅성거림
상수리나무숲 강안까지 밀고 가던 침묵들
우수수 숲을 흔든다 침묵은
상수리나무숲이 견디고 있는 상처이다
가슴으로 날아오르던 새떼들
가을 강에 은박지처럼 누워 있는
붉은 시간 물고 강 하구로 사라지고
강물 소리 상처의 몸 오래 감싸고 있다
이제 내가 양수리를 떠나며
평생 치유되지 않는 상처 남긴다

변하는 것은 아름답다
―― 이영재에게

언제나 청년이었던, 울분과 광기로 충만해 있던,
김훈 기자와의 당선 인터뷰가 꿈이었던
그 남자, 지방 신문 문화부장이었던 그 남자가 변했다
호수에 피어오르는 밤안개가 시인을 기다릴 거라며
만취해 차를 몰던, 5월 밤 자정의 철없던 남자,
영원히 철들 것 같지 않던 그 남자가 변했다
광기도 분노도 사라지고 미혹도 사랑도 버리고
아이들 눈빛 보며 아내 치맛단 끄는 소리 듣는다
그 남자 가슴에 시간보다 깊은 호수가 담기는 걸 몰랐다

자정의 호수가 피워올리던 밤안개는
어찌 되는가 어째서 변하는 것은
변하지 않는 것보다 아름다운가

시간들의 풍경

나는 시간의 입구에 와 있네
시간이 나를 부르므로
치정처럼 두근거리는 가슴으로
시간의 붉은 회랑 돌아 문을 두드리네
두려워라 시간이 조용히 열리고
시간이 웃으며 나를 맞네
웃으며 나를 맞는 시간은
내게서 버려진 상처 감추고 있었네
그 시간은 상처를 감추고 나를 기다렸네
내 시간의 탕진을 보며
내 시간의 잔량을 재며
나를 기다렸네 나를 기다리는 동안
내가 버린 시간도 늙어 주름 깊어지고
주름 속에 세월의 물소리 묻었네
시간이 웃으며 나를 가볍게 껴안았지만
딱딱해진 시간의 각질이
내 낡은 육신 찌르고 들어왔네
시간의 잔량이 나를 받치고 있지만
나는 시간의 폭력을 견디지 못하고
시간 속으로 드네 수많은 사람들이

나보다 먼저 붉은 회랑을 걸어
시간 속으로 가고 있네

제4부

그 여자는 시간을 건너뛴다

식품을 고를 때마다
유효 기간을 살피는 여자를 알고 있다
유효 기간에서 하루를 지나도
폐기 처분하는 여자는 무엇이나
유효 기간이 있다고 믿는다
나는 그 여자의 젊은 날의 유효 기간을
그 칼 같은 시간의 종단을
의문하고 그 여자는 나이 스물둘이
젊음의 유효 기간이라고 믿는다
시간의 유효 기간처럼
인간관계의 유효 기간이 두렵다
유효 기간은 사람과 사랑을
사물과 시간을
소멸의 돌아올 수 없는 어둠 속으로 끌고 간다
그 여자는 어둠 속에서
어둠의 유효 기간을 계산한다
흰 목덜미에 작은 주름이 그녀 모르게 일어선다

낮달

소년은 떨었다 눈부시고 눈부신 밤이었다
어디서 아름다운 노래가 들려왔다
소년은 할머니 속으로 들어갔다
할머니의 우물은 따뜻했다
오래된 두레박 소리가 들렸다
아지랑이가 피고 노랑나비떼가 날아올랐다
백 년 같은 하루가 액체 유리처럼 느리게 흘렀다
할머니의 우물에 어둠이 차오르고
무거운 밤이 소년에게도 왔다
소년은 할머니의 오래된 우물에
두레박을 내려 어둠을 길어올렸다
할머니가 조용히 출렁거렸다
소년은 할머니의 어둠 위로 올랐다
어둠은 젖은 강물이었다
소년은 어둠의 바다로 나갔다
소년은 더 숨가쁘게 노를 저었다
엄청난 파도가 밀려왔다
소년은 파도에 휩쓸려 깊은 바다로 흘러갔다
은어떼가 소년을 맴돌기 시작했다
소년의 몸 속으로 은어떼가 쏟아져 들어왔다

은빛 비늘 황홀한 광채가 온몸으로 퍼져나갔다
소년은 부르르 몸을 떨었다
평온이 오자 은어떼가
은빛 지느러미를 유유히 흔들며 바다로 돌아갔다
할머니 몸이 바닷물에 젖어 있었다
소년은 할머니 눈물을 손으로 훔쳤다
중풍으로 누워 있는 할머니 손은 언제나 따스했다
할머니는 관 속에 누우면서도 소년의 손을 놓지 못했다
낮달 스치우며 구름 빠르게 흐르던 날

남행

해송 사이로 꿈이 먼저 달려간
미혹과의 동행을 죄라 말하고 싶었다
가 닿을 수 없는 생의 절정 혹 욕망으로 채우며
미혹만이 나를 밀고 가는 힘이었노라
말하지는 않았는지
내가 나를 죽이려 덤비는 욕망 속에서
끝까지 가보라 가보라 외치던 아픈 기억,
끝까지 간다 한들 겨울 솔잎 같은
살의를 벗어날 수 있었을까

송림 사이로 해가 진다
붉은 햇살이 숲의 깊고 푸른 가슴을 깊숙이 찌른다
햇살이 닿아 있는 저 비밀한 공간은
내게 욕망이며 무덤이었다
그곳에서 나는 나와 싸우고
나를 살해하고 나를 매장했다
깊고 푸른 가슴이 미혹의 입구이며 출구였다
피가 흐르지 않는 죽음은
매혹적인 꿈과 이어져 있었다

해송 사이로 어둠이 온다
느리고 달콤한 발자국 소리가 몸 안으로 든다
성전처럼 조용해진 몸은
어둠의 발자국 소리 크게 울린다
격렬하던 것들의 밤은
세상의 모든 소리들을 향해 귀를 연다
죄의 목소리가 조용한 몸 우렁우렁 울린다
어둠 깃든 몸은 다시 침묵의 미혹에 빠진다
남행은 죄를 예비하는 길이었다

깊고 슬픈 강물

안압으로 안구의 실핏줄이 터지며
아내의 눈 속에 검은 강이 흐른다

나는 그 강 일찍이 알고 있었다
강물 남실남실 떠내려가는
내 시신 내가 몰래 엿보았으므로
강물에 익사한 내 영혼을 위해
눈물의 기도를 시작한 후로
안구의 실핏줄들이 부풀었을 것이지만
내가 알고 있는 걸 아내만 몰랐다니
강물은, 시간은 조용하고 깊었다
아내의 강이 어두워지고 마침내 붉게 물들어
침묵처럼 흐르고 있는 아내의 시간들
아내의 시간은 오랜 세월을 두고 깊어져
바이칼 호수처럼 장엄했다

고여 있던 아내의 시간들이
세월의 협곡 사이로 흐르기 힘든 길을 내며
거실이며 주방, 아내가 아침마다 밟고 건너는
성서의 행간을 채워 흐른다

검은 범람의 아내
저 깊고 슬픈 강물

정라진 항구

밤새 그물코를 줍고 있는 아낙들
추운 웃음 내항 건너온다

사내들 내항 가득 왁자한 발자국 남기고 항구를 떠난다
사내들이 잠시 눈 붙일 싸구려 여관은
내항을 벗어난 마음 끝이다
사내들은 작업화 뒤축을 끌며
내항으로 돌아와 침 튀기며
제 여자를 자랑하고 생선을 하역하고 낮술을 마시고
더러는 싸움을 하고 소주병 깨 낮달 찌르며
닻줄 풀고 정라진 떠나 새 여자 얻어 살림 차리고
단골 술집을 트고 한동안 정붙일 것이다

가파른 미명의 경계에 걸려 있던 닻별
내항으로 쏟아지고
출항 기다리며 난폭하게 흔들리던 어선들
밤과의 치정에 든 정박 풀어
출항 위해 어둠 나서는 사내들을
정라진 여자들은 돌아보지 않는다

어둠을 뚫고 갈매기들 날아오른다
방파제 할퀴던 짐승 같던 바다가 조용하다

고깃배가 내항을 빠져나가고
아낙들 추운 웃음 내항에 햇살처럼 번진다
내항은 많은 배들 보냈으므로
만월처럼 부풀어오른다

새벽 후포항

새벽 안개 밀어내고 있는 후포항
젊은 날처럼 늘 축축한 기억을 키운다
가난했으나 강인했던 검은 바다의 후포는
그의 억센 말투를 놓아주지 않아
비릿한 가슴에 닻으로 걸려 있다
후포는 바람으로 저물고 바람으로 깨어나
죽음의 끝이거나 사랑의 시작이었으니
그에게는 오랜 동안 수장을 기다리는 지명이었다
새벽 어시장 누비며 물 좋은 횟감 고르는
그의 투박한 말소리 바다를 향해 달려나가고
젊어 고통스럽게 막혔던 물길이
빠른 억양을 타고 붉게 터진다
검붉게 일렁이는 일출을 두고
설레는 사람들 하루가 저기 폭죽처럼 환한데
아낙들 억척스런 날들은 젖은 시멘트 바닥
싱싱한 생선들과 몸을 섞는다
그의 붉은 몸 안 가득 울렁대는
새벽 후포항 젊어 그를 버렸으나
축축한 그가 늘 서 있는 곳

조치원

햇빛 찰랑이며 정오로 가는 시간
복사꽃 지는 마을의 빛나는 고요 속에
마디 굵어진 손들의 악수가 있다
명인이 복사꽃 지기 전에 다녀가라던 조치원
연붉은 꽃잎들 시간 속을 뛰어내리며
그 가벼움에 스스로 놀란 듯
수백 번 몸 뒤집으며 소용돌이친다
언 가지 때리던 겨울바람 견디며
꽃눈 밀어올리던 힘은 이처럼 허망하여
낙화로 더러운 세상 미쁘게 건너야 한다는 것인지
분분히 내리는 복사꽃잎 보고 있으려니
조치원, 낯선 지명 문득 슬픔으로 온다
오십을 넘기며 고요해진 사내들이
하룻밤 묵어야 하는 바람 많은 곳
낮은 구릉으로 마음 몇 번이나 넘기는
복사꽃 지는 이곳, 조치원에서의 해후
눈물 복사꽃 번지는 질척한 그리움인 것을

아카시아 군락을 보며

숲이 수런거리며 계절이 깨어나고
상수리나무, 물푸레나무, 산벚나무
새잎으로 세상 맞을 때 아카시아 군락
산다화 핀 계곡 묵묵히 지킨다
수술 후 그와의 첫 나들이, 내장은
새 핏줄 밀어올리기 시작했을지
저 아카시아 군락처럼 명상에서 깨어나지 않고
묵은 핏줄들 검게 오장 껴안고 있는 것은 아닌지
천천히 오르는 관악산, 해어름 산행은
소쩍새 울음으로 처연해진다
내장을 속속들이 들여다보았던 빛은
기억하고 있을 것이다 낡은 육신
가득 채우고 있는 어둠과 침묵의 군락,
소생하는 것들의 환한 빛과 미소
어두워지는 숲처럼 빛과 그늘이
서로를 밀고 당기며 서로를 삼투할 때
몸 안에서 한 세상이 태어나기도 하고
죽어가기도 하는 거라고
혹 저 아카시아 군락에서 아이들 웃음 같은
아카시아 꽃향 터지지 않는다면

그가 오월을 무사히 건너갈 수 있을지,
작은 계곡 건너뛸 때
어디서 새 물 흐르는 소리 들린다

호탄리의 시간들

호탄리에는 시인과 함께 사는 시간들이 있다
시간은 시인을 붉은 감나무 아래서 기다리기도 하고
호탄강 여울 속에서 기다리기도 한다
시간은 시인을 기다리다 조용히 돌아가기도 하고
시인보다 먼저 나타난 바람과 놀기도 한다
시인은 물소리와 함께 나타나
시간의 얼굴을 들여다보다가 미소를 짓기도 하고
시간의 얼굴에 수염 자란 자신의 얼굴을 대보기도 한다
시간은 시인의 몸으로 스며 시인을
붉은 해 떨어지는 산자락 아래 눕히기도 하고
침묵들이 쌓이는 거룩한 언덕에 세우기도 한다
때로 늦어 시인을 기다리던 시간이 돌아간 후에도
시인은 시간이 시인을 기다린 시간보다 더 오래
시간이 떠난 자리를 떠나지 않는다
많은 세월 시간이 시인을 기다려주었지만
이제는 시인이 시간을 기다리다
쓸쓸하게 돌아서서 호탄강 가를 거닌다

무화과나무의 힘

무화과나무 가지가 뭉텅 잘렸다
속꽃잎 피우던 괴로움 끝내고
적멸에 들라는 뜻이었는지
잘린 가지는 봄빛 속에 묵묵하다
저렇게 잔인하지 않으면
비탄으로 얼룩지지 않으면
무화과나무는 무화과나무일 뿐
무화과나무가 힘이 되지 못한다
뭉텅 잘린 가지에 슬픔 뭉쳐 새순 돋고
뭉텅 잘린 가지에 분노 솟구쳐
죽음 부르는 저 극단의 선택
그것이 꽃이고, 열매이다
무화과나무의 하늘이 오랜 시간을 두고 바뀌고
바뀐 하늘 위로 구름 흐르고
잔가지에 바람 걸려 넘어지는
웃음 소리 들릴 때쯤 누군가
열망에 들어 전율하며
속꽃잎 만발한 제 가슴 뭉텅 자르고
햇살처럼 넘쳐흐르는 새 힘 보리

소리의 영혼들

나는 사간재* 찾아 겨울
사홍리 간다 서운벌 눈 속에 누워
내가 끌고 가는 길 지울 때
황토 붉은 산들 명상에 들어
한 사내가 껴안고 예까지 온
세월의 무게 버린다 숲을 키우던
바람 소리 분분한 눈으로 내려
사홍리 덮는데 분분한 눈발들
첩첩한 산자락 이루고 사홍리
추운 어깨 움츠린다
내가 세상을 향해 기우는 동안 혹은
나를 향해 세상이 기우는 동안
왼편으로 살짝 기울어 물 흐르는
소리 듣던 사간재, 봄 육신 이르러
겨울 물소리에 낡은 처마 얹는다
물소리 아우성으로 일어서고
순한 산과 산맥들 울컥울컥
분노와 환희 감당케 한다
그때마다 사간재 물소리 쪽으로 기울고 다만
살아 있음으로 아득한 하늘과 땅 사이에

가득 찬 저 소리의 영혼들
내 메마른 삶이 찾아 헤매던
무채색의 아름다운 절명

   * 박영대 화백의 안성 조령 사흥리 작업실.

밤나무들의 소망
── 최유라, 이종환의 '지금은 라디오 시대'

 다 절딴난규 지난번 바람에두 많이 상했는디 이번에 아주 절딴나구 말었슈 왼케 바람이 쎄니께 말두 못 해유 다 쏟아지구 말었슈 퍼렇게 쏟아진 풋밤송이를 보구 있을라문 억장이 무너져유 온 산이 쏟아진 밤송이루 퍼렇다니께유 거기 쏟아진 게 밤송이만 아니구 우덜 맴이구 먼유 우덜 맴이 퍼렇게 쏟아졌다니께유 밤낭구는 가쟁이가 꺾이구 찢어지구 아예 뿌리째 뽑히기두 하구 아이구 성한 낭구가 읎유 태풍이라더니 이런 난리는 첨이쥬 따지구 보면 태풍만 난린감유 어르신네들 정치판두 난리구 장사판두 난리잖아유 우리 동네 구멍가게는 다 문 닫었슈 무신 마튼가 뭔가 하는 데서 사람들을 실어 나르는디 누가 시굴 구멍가게에서 물건 사겄슈 시상이 온통 미쳐 돌아가는 난리는 난린디 내 죽는다구 비명일 수만 읎쥬 아들놈유? 서울 살쥬 하이구 말두 말어유 월급쟁이 갈급쟁이라구 지덜 살기도 빠듯한디 애비를 워트키 도와유 밤 내서 손자 새끼 영어하구 컴퓨터 과외 가르치라구 돈 좀 올려 보낼라구 했는디 밤농사가 거덜이 났으니 워쩐대유 날씨 원망은 안 해유 하늘이 하는 일이니 할 말 읎슈 대책은 무신 대책이 있겄슈 허나 이대루 주저앉을 수는 읎능규 산엘 올라야쥬 꺾이구 찢어진 밤낭구를 돌봐야쥬 내보다 더 억장 무너지는 늠이 밤낭구들 아니겄슈? 탱글탱글한 알밤 한 알 보름달빛 속으루 툭 소리내며 떨어뜨려보는 게 밤낭구들 소망 아니겄슈?

감은사지를 가다

혈육은 작은 슬픔이다

머리가 벗겨지기 시작한 아우를 데리고
아침, 감은사지 간다 경주교육문화회관 조리팀장인
아우는 계란 반숙을 주문하고
나는 아우가 주문하는 대로 나이프를 들었다
아침, 감은사지에 오르며 아우는 작아진다

혈육은 작은 슬픔이다

어린 날의 가출은 두려움도 무엇도 아니었다
감은사지는 오랜 세월 가출했었다
마주 보는 삼층석탑은 가출하지 않았다
아버지와 마주 보는 형의 그림자가
아우에게는 두려움이었을 것이다
가출 후 중국집 배달원을 시작으로
아우는 화덕을 껴안고 살게 되었다

혈육은 작은 슬픔이다

감은사지, 그 적멸보궁의 깊은 침묵을 떠나며
불 꺼진 화덕의 짚을 수 없는 깊이를 기억하는지
아우는 내내 말이 없다 어린 날의 선이
콧날에 아련하게 남아 있는 아우는
아침, 감은사지 형과의 동행이 밤길 같았을 것이다

일죽장터

토담에 소리들이 쌓이는 침묵을 들으며
나는 여름날 일죽장터, 뜨거운 개장국 먹으러 간다
안성 조령을 떠나 장호원 가는 지방 도로는
일죽 근처에서 주춤거리며 궁색한 모습으로 바뀌는데
나는 말없이 여름날의 무거워진 산색 본다
산색 따라 차령산맥 어디쯤 홀로 가고 싶은 나는
떠나온 담홍빛 흙담이 자꾸 밟힌다
온갖 소리들 모여드는 여름 한낮
토담은 아우성 숨기고 있어
이 여름 더 무겁게 보내게 될 테지만
개장국집은 좁은 골목에 펄펄 끓는
무쇠솥 걸고 왁자한 장꾼들 불러들인다
웃통을 벗어 던지고 비지땀을 흘리며
개장국으로 가슴을 적시면
나의 시도 마음속 붉은 토담도 땀 흘린다

여름날 일죽장터는 끓고 있는 가슴들이다

동행

너는 젊은 날의 미친 듯한 삶을 말하며
내 잔을 거부했다 나의 설렘은
서녘 바다로 지는 붉은 해 때문이었다
가슴으로 차오르던 서해 바다를 두고
나는 소멸을, 너는 생성을 생각했다
그 간극이 생명의 순환을 넘어 불화로 온다
그래서였을까 술잔에 잠기는 바다를 두고
나는 격렬한 기침을 했다
가슴속 개펄처럼 펼쳐진 오래고
더러운 침묵들이 기도를 밀어올리고 있었다
바다가 올라와 있던 창에 어둠이 차는 동안
술잔에는 배롱나무 붉은 꽃들이 피어나고 있었다
붉은 꽃들은 바다를 밀어내고
이미 저버린 꽃숭어리들이
썰물 진 해안을 붉게 물들인다
밀고 써는 바다, 또는 생성과 소멸을 두고
해안의 침묵은 더 오래고 견고했다

해설

시간의 슬픔과 소멸의 아름다움

김병익

 서재랄 것도 없는 내 이층 방의 한쪽 벽에는 작고한 언론인이자 사학자인 천관우(千寬宇) 선생이 써준 글씨로 만든 편액 한 점이 걸려 있다. "逍遙一世之上 睥睨天地之間"의 그 글은 『후한서(後漢書)』에 나오는 것으로 그 뜻은 한문에 무식한 나도 대충 짐작은 가지만 '비예(睥睨)'란 어휘가 낯선 것이었다. 천선생에게도 들었고 사전을 찾아보아 그것이 '흘겨본다'는 뜻임을 알 수는 있었지만 그 흘겨봄은 '눈을 가로 떠서 노려보다'라는 나쁜 뜻이 아니라 대상에서 조금 떨어져 그것을 지그시 내려다본다는 좋은 뜻이라고 했다. 그러니까 그 구절은 세상을 느긋하게 슬슬 돌아다니며 만물을 거리를 두고 비스듬히 바라보며 음미하는 태도를 말하는 것이 아닐까라고 짐작은 하면서도, '비예' 혹은 비스듬히 바라본다는 말의 구체적인 모습은 쉽게 떠오르지 않았다. 아마도 그래서 김윤배의 이번 시집에서

「세상을 비스듬히 살아보지 않았다면」이 먼저 눈에 띄었을 것이다. 시인이 이 구절을 알고 쓴 것인지 어떤지는 모르지만 이 시는 분명 '소요'와 '비예'로 오늘의 우리 삶의 여러 정경들을 살려 전해주고 있다.

> 세상을 비스듬히 살아보지 않았다면 창마다 입김처럼 피어오르는 따스한 불빛이 얼마나 큰 슬픔인지 알 수 없습니다
>
> 세상을 비스듬히 살아보지 않았다면 마지막 전동차의 브레이크 소리 빈 가슴 울리는 사당이나 구파발 종점의 어둠이 얼마나 아픈 상처인지 알 수 없습니다
>
> 세상을 비스듬히 살아보지 않았다면 할 일 없는 봄날 마음 그늘 흐드러진 진달래꽃 무덤이 얼마나 사무친 밥그릇인지 알 수 없습니다
>
> 세상을 비스듬히 살아보지 않았다면 미명, 아내 유리 그릇 부딪는 잔잔한 울음이 얼마나 기막힌 위안인지 알 수 없습니다
>
> 세상을 비스듬히 살아보지 않았다면 새벽 3시 서울역 대합실 노숙의 꿈이 얼마나 속 쓰린 사랑인지 알 수 없습니다

시인은 비스듬한 시선으로 밤거리를 헤매고 혹은 지하철을 타고 종점에 이르며 봄 언덕에도 오르고 아내의 부스럭거리는 소리를 듣고 서울역의 노숙자들을 연상한다. 그가 바라보고 자신의 내면에 담는 정경들은 "창마다 입김처

럼 피어오르는 따스한 불빛" "전동차의 브레이크 소리" "진달래꽃 무덤" "아내 유리 그릇 부딪는" 소리, "노숙의 꿈" 등 가지가지이며 빛과 소리, 정경과 꿈으로 서로 다르지만 그것들을 가로지르는 시인의 정서는 따뜻하면서, 그래서 스며드는 슬픔이다. 그것은 "따스한 불빛"이지만 "큰 슬픔"이고 "빈 가슴 울리는" "아픈 상처"이며 화사한 진달래꽃 무덤은 "사무친 밥그릇"이고 아내가 유리 그릇을 만지며 내는 소리는 '울음'으로 들려오지만 그렇기 때문에 "기막힌 위안"이 되고 노숙자의 고된 꿈은 "속 쓰린 사랑"에서 빚어진 것으로 받아들인다. 슬퍼서 아름답고 정겹기에 고통스러우며 울음이기에 위안이고 따스함이 상처가 되는, 엇갈림의 감정이 하나의 측은한 긍정의 정서로 피어나는 내면적인 모습이 '소요와 비예'로 갖게 되는 시인의 세상에 대한 시선인 듯하다. 그 시선이 봄날의 화사한 햇빛 속에 진달래꽃 무덤을 바라보는 맨 가운데의 제3연을 중심으로 하여 한밤과 새벽으로 나뉘어지고 있어 그의 소요와 비예는 대체로 어둠 속에서 진행되고 있음을 보여주는데, 김윤배 시인의 근원적인 서정의 뿌리는 바로 여기에, 어둠 속에 자리잡고 있음을 예시해주고 있는 듯하다.

김윤배의 이번 시집이 서사적 구조를 가지고 있다고 볼 수 있을까. 그럴 수도 있겠다 싶게 만드는 것이 제1부의 마지막에 자리한 시 「아나바스 스칸덴스를 꿈꾸다」이다. 도대체 나로서는 처음 보는 이 단어는, 사전을 찾아보니, 동남아 인도·아프리카에 서식하는 농어 비슷한 민물고기를 가리키는 것이었다. 그 뜻대로 육지를 돌아다니는 물고기 climbing fish 아나바스 스칸덴스 anabas scandens를 끌어온 이 시에서 시인은 제사(題詞)를 통해 "강물의 흐름에 맡겨 사색의 집을 짓던 나는 왜 갑자기 바람 부는 언덕에 서고 싶었을까" 자문하면서도 그 앞의 시들과 제2부의 시들을 갈라놓고 있다. 시인이 고백한 것처럼 제1부에서 "강물의 흐름에 맡겨 사색의 집을 짓던" 시의 화자는 "강물을 나"서 "언덕을 향해 가슴지느러미를" 미는 아나바스 스칸덴스가 되어 "죽음의 벌판"을 헤맨다. 물을 떠나 너무 오래 소요했으므로 지쳤을까, 이 죽음의 벌판에서 함께 "몸이 부패"했을까, 화자는 "비린내를 맡으며 더 이상 움직이지" 못한다. 그래서 제3부에서 "나는 잃어버린 나를 찾아 나선다"(「잃어버린 나는 이미 그곳에 가 있다」). 그는 강가로 가고 숲으로, 절로 배회하며 때로 길을 잃고(「부론에서 길을 잃다」) 또 때로는 "평생 치유되지 않는 상처"(「침묵은 숲이 견디고 있는 상처이다」)를 입으며 스스로를 다독거린다. 다시 일어선 그는 제4부에서 그의 길이 혼자만의 것이 아니라 가족과 친구, 사람들과 '동행'하며 "밀고 써는 바다, 또는 생성과 소멸을 두고" "더 오래고 견고"한 그의 원래의 자리 "해안의 침묵"으로 돌아온다(「동행」). 이 시집은 그러니까 강물 속에서 세계의 슬픈 존재론적 상황으로 우수에 젖은 한 경건한 시인이 오욕의 육지를 배회하고는 탈진한 자신의 영혼을 되살리기 위해 다시 물로 돌아오는 순례의 길로 읽어도 좋을 것이다. 실제로 시인은 '순례'란 말을 자주 쓰며 "낡은 사원을 순례"(「순례자」)하는 '순례자'로 자처하기도 한다.

당연히, 아름다운 영혼이 '순례'하는 죄 많은 세상은 넓고 황막하다. 시인은 "굴종과 배반의/아름다움"(「서안에서는 사람이 빛난다」)을 드러내는 "황토 분진의 서안"을 지나, 러시아와 이탈리아를, 그리고 이 나라 이곳저곳, "사원을 강물처럼 흘러간 기원들/몸 곳곳에 미라로 누워 있"(「순례자」)는 땅들을 순례한다. 그리고 그 '첫 경험'은 "참혹한 눈물"(「빨강 침대」)이었다. 그는 송탄의 양부인 제니의 집에서 "점액질의/삶이었으므로 비굴한 분노"(「빨강 침대」)를 느껴야 했고 러시아의 여인들과의 "더럽고 황홀한 순간"에서 "참혹한 분노"(「백야를 건너며」)를 되씹어야 했으며 평택에서는 "열네 살 미혼모"의 '비명'을 들어야 했고(「열네 살의 봄」), 폼페이의 화산 유적에서는 "성애 속으로 숨은 도시의 비탄을/페티는 납 중독으로 파랗게 변한 입술을"(「페티의 집」) 보아야 했다. 이 땅은 "처참한 육신의 해체, 피난 행렬이 무너지며 쏟아진" "오, 절망하는 모든 것들이 열고 들어가는/저 비탄의 문, 모든 기억 속의 전장"(「절망하는 눈」)인 것이다. 그 세상은 "우리도 어린 날 아메리카를 꿈꾸며/추잉껌 구걸하다 주먹감자를 먹"인 수치스런 역사가 지금도 "낮술 취해 아메리카를 노래"하는 "달맞이꽃들 노랗게 웃"는 웃음으로 되풀이되는(「달맞이꽃이 있는 풍경」) 땅이며 "적개심이 역류"하고 "매복의 밤 하얗게 질려 있는"(「철새를 꿈꾸는 총구들」) 남북이 대치한 전선이며 금 그을 수 없는 바다조차 "보이지 않는 경계선을 넘나드느라/바람의 등은 퍼렇게 멍이" 드는 "물목 턱없이 가팔라 보이는" 휴전선 바다(「백령 뱃길」)였다. 이곳들은 "바람은 강철 같아 겨울 내내 쇳소리를" 내는 '동토,' "너보다 먼저/시간 속을 달려와 언 땅 껴안고 뒹"구는 "바람의 땅"(「겨울 양수리에서」)일 뿐이다.

　그렇기에, 아나바스 스칸덴스처럼 물에서 유영해야 할 시인 김윤배는 강 또는 호수와 바다에 머물러서야 섬세하면서도 깊은 상상력으로 이 세계와 삶의 속을 지느러미질 한다. 그러나 그의 물은 그가 그 안에서 그것의 육체성을 껴안으며 관능적인 쾌감을 찾는 물이 아니라(김윤배는 물이 아니라 오히려 아나바스 스칸덴스가 배회하는 육지에서 관능을, 그것도 타락한 성의 부패를 발견한다), 그로 하여금 그 물을 바라보며 그 물의 존재성에서 세계의 근원적인 운명, 그러니까 시간과 그 시간이 같이하는 소멸에의 인식을 깨우쳐주는 물이다. 그가 끊임없이 서해 연안으로, 한강의 지류로 해안선을 타고 국도를 달리며 바다와 강과 호수를 찾는 것은 그 물들의 위를 흐르는 시간의 존재성이며 그 존재의 스러짐을 통해 조명되는 존재의 소멸이다. 그래서 그의 시는 바다와 호수 혹은 강물에 익몰하는 나를 보여주는 것이 아니라 그 물들을 예비하고 있는 해안과 강변, 혹은 섬과 포구, 계곡과 호반에서 보는 물과 그 정경이며 거기서 가혹하게 감동당하게 되는 시간에 대한 각성의 고백이다. 그래서 그가 물을 만나는 시간은 그 시간의 흐름에 대한 정서를 충격해주는, 해가 지는, 어둠이 드리우는, 그래서 일몰의 잔광이 빛나고 밤의 고즈넉함에 젖어드는 즈음이다. 이 즈음과 정황, 그러니까 해가 지고 어둠이 다가오는 이 시간의 노을과 돋아나는 별을 바라보는 것에서 시인은 시간의 움직임을 가장 선명하게 깨닫고 그 시간의 흐름에 대한 발견 속에서 저절로, 삶과 죽음, 생성과 소멸을 명상하며 존재의 기미를 느끼고 그 모든 것들을 바라보며 욕망을 잠재우고 근원적인 존재성에 대해 통회하게 만든다. 그의 아름다운 시 「도비도의 일몰」은 그런 그의 시세계를 전형적으로 보여준다.

>붉은 해는 생각을 멈춘 듯 주춤거린다
>녹안리의 하늘 불타고 붉은 적막이
>가파른 해안을 들불처럼 번져간다
>한 세기가 끝나기 전
>도비도의 일몰을 보아야 한다는 듯
>오랜 시간 바닷바람에 마음 내던진다
>일몰의 순간 펄럭이며 떠나는 물길에 얹혀
>시간이 끼룩끼룩 갈매기처럼 운다는 걸
>어찌 몰랐을까 이제는
>되돌아가야 할 먼 길을 염려하며
>어두워지는 바다를 본다
>검붉게 타오르는 물비늘에 얹혀
>온갖 욕망들 거대한 구렁이처럼 꿈틀대는
>일몰의 바다는 참회조차
>오욕으로 바꾸어놓는다
>서해의 물빛이 부드러워지는 시간을 헤아려
>이곳 도비도를 떠난다 해도 가슴 아래
>숨어 흐르는 먹먹한 시간들은
>언젠가 환하게 아플 것을 안다
>
>도비도에서의 참회는 짧고 깊다

이 시를 읽으며 시인이 묘사하고 있는 정경에 들면서 우리는 시인과 함께 일몰의 바닷가에서 이루어지는 한 편의 엄숙한 정화의 성사를 치르는 것 같다. 시인은 세기가 바뀌는 순간의 마지막 해를 보기 위해 도비도로 달려간다. 바다는 진한 노을로 붉게 타오르고 바닷바람을 맞으며 시인은 조금씩 어두워지는 바다를 하염없이 바라본다. 그 하염없음에 두 개의 물상이 '얹힌다.' 하나는 시간이 "물길에 얹혀" 갈매기의 끼룩끼룩 우는 소리와 함께 흐르고 있고, 또 하나는 "온갖 욕망들"이 "물비늘에 얹혀" 꿈틀대고 있다. 시인이 50여 년 동안 살아온 20세기가 가고 있고 이제 새로이 살아가야 할 낯선 세기가 다가오는데 어찌 욕망과 참회의 감회가 부풀며 솟구치지 않을 수 있을까. 그는 거대한 시간의 흐름("펄럭이며 떠나는 물길")을 눈으로 바라보며 구렁이처럼 꿈틀대는 덧없는 욕망이 지는 해와 함께 스러져가는 것을 느낀다. 이 장엄한 장면에 부닥치면서, 그렇다, 시인은 참회조차 이에 이르러 '오욕'이 되는 것을 깨닫는다. 이 숙연한 체험을 치르면서, 그제야 바다와 더불어 그의 마음이 "부드러워"진다. 이 성결(聖潔)의 경험은 '짧지만 깊고' 그의 내면 깊숙이 '환한 아픔'을 줄 것이다. 여기서의 욕망과 참회는 실제의 삶에서 저질러온 타락과 죄악이기보다 우리가 살아 있다는 그 자체, 시간에 압력을 당해야 하는 우리의 존재 자체가 처한 근원적인 상황에 대한 시인의 가장 깊은 원죄적 고백일 것이다. 그 참회와 고백, 회한과 슬픔들은 이런저런 계기마다 강화되어, 소래포구에서 바닷바람을 맞으며 그 바람에 "남루한/하루가 펄럭인다 저 바람 앞에/남루하지 않은 생이 있겠는가"(「소래포구」)고 탄식하게 하고, "산 바다와 죽은 바다를 가르는" 해안선을 달리며 "이 욕망의 길 끝에 무엇이 나를 기다려/바다를 향해 추락하고 있는/장엄한 일몰을 본다는 것인지" "소멸하는 영혼끼리/불태울 마지막 슬픔"(「조용하고 무거운 슬픔」)을 조용하고 무겁게 받아들인다.

김윤배의 심성을 주도하고 있는 바다와 호수, 강의 모티프, 그가 그것들을 만나는 일몰의 순간은 다시 보면 소멸과 침묵의 은유이고 이 은유는 '바람'으로 대유되기도 하는 '시간'이란 것의 우주적 운명과의 조우를 드러낸다. 다시 말하지만, 그는 끊임없이, 바다에서나 숲에서, 강에서나 절에서 시간을 만나고 시간이 가져오는 소멸을 발견하며 시간과 더불어 이 세계를 바라보고 느끼고 살고 있다. 바다의 일몰에서 시간의 소멸을 발견하는 시인은 그러나 물이 아닌 곳곳에서도 마침내 "시간의 폭력"(「시간들의 풍경」)들에 압도당하며 그것을 견디기 겨워한다. 그 시간은 여름날의 작은 저수지 물처럼 "느리고 무거"(「작은 저수지에서 생긴 일」)우며, 그렇게 고여 있고 "침묵처럼 잠들"(「시간들의 종말」)지만, 그럼으로써 그것은 "서러운 불덩어리"로 "쿵 하고/가슴에 박"(「조용하고 무거운 슬픔」)히며 "내 생애를 관통하는 화살"(「가문비나무숲에 대한 기억」)이 된다. 보이지 않는 시간은 왜 이처럼 '광포한 힘'이 되는가. 그것은 그것이 "소멸하는 영혼끼리/불태울 마지막 슬픔"을 가졌기 때문이고 "소멸하는 빛의 두려움"을 일으켜주기 때문이다. 그래, 시간은 소멸이다. 그것은 고통이고 슬픔이지만 소멸하는 시간은 그 고통과 슬픔까지 소멸시켜

준다. 그것을 섬세하게 바라보고 고통 없이 지켜보는 시인의 슬픈 시선은 감동적이다. 그 시를 읽는 우리의 가슴 속에 그것은 또 하나의, 우리 내면을 "관통하는 화살"이 되어 소멸하는 시간의 불멸성을 고통스럽게 인식하게 된다.

> 밀어올림과 끌어내림 사이에
> 깊은 잠 같은 시간이 고여 있다
> 시간은 해변에 깔려 있는
> 조약돌 사이에 소리 없이 스민다
> 고여 있는 시간의 소멸을
> 나는 고통 없이 지켜본다
> 저 고여 있는 시간의 삼투 속에
> 내 생의 상처받은 시간들이 따라 스민다
> ―「안면도 시편」 부분

> 소멸하는 빛의 두려움 먼저 읽었던 너를
> 그 숲길에 묻으며 나는
> 소멸하는 것들의 광폭한 힘을 꿈꾸었다
> 죗값이라면 평생
> 멀리 있는 별 하나 품고 살 것이다
> 가문비나무숲에 고여 있던 시간이
> 내 생애를 관통하는 화살이 된다
> ―「가문비나무숲에 대한 기억」 부분

시인은 가문비나무숲에서 시간이 쏜 화살을 맞은 듯하다. 가문비나무숲에서 무슨 일이 있었던가. '너'가 누구인지, 그가 사랑한 사람인지 시인 자신인지 혹은 그 어느 다른 것인지, 만해의 경우처럼 그 모두를 가리키는 어떤 추상인지 우리는 알 수 없지만, 시인은 이 숲에 드는 길에서 "너를 묻고 떠나"며 거기서 그 '너'를 묻어버리고 그 참사가 벌어진 기억만을, 그 기억 속에 생생하게 살아나는 "소멸하는 빛"만을 "별 하나"로 품는다. 그 가슴 아픈 일이 그에게는 그의 "생애를 관통하는 화살"로 남는다. 사건은 시간이란 것의 추상이 되고 그 추상은 화살과 같은 아픔으로 그의 삶을 지배하며 그 삶이 존재하는 세계를 향한 시선이 된다. 그리고 불행히도, 시간이란 화살은 죽음의 경험이 안긴 상처처럼 모든 것을 그 시선으로 바라보고 그것을 통해 인식하며 그에 따라 세상을 살게 된다. 시인은 이 시간의 화살을 맞으면서 모든 존재를 시간의 각성제로 인식하고 공간의 장면까지 소멸하는 시간의 눈으로 받아들인다. 그것은 슬프지만 아름답다. 다음 시를 보라.

> 석남사 솜양지꽃 물속 같은 세월 지키고 있다
>
> 그 조용한 시간의 켜 속에
> 길고 느린 그림자 절집 오른다
> 허물고 다시 세우기를 거듭하는 절집
> 시간이 소멸로 가는 정적 깊게 쌓는다
> 느린 그림자 정적에 들어 움직이지 않는데
> 봄 석남사에는 꽃잎이 시간을 밟는다 ―「봄」전문

「봄」, 석남사의 절을 찾은 시인의 걸음은 느리고 그림자는 길다. 정적과 소멸, 조용함과 움직임—없음의 이 옛 절은 곧 시간이란 것이 지닌 존재성의 구체적인 물상이다. 그런데 거기 문득 피어 있는 솜양지꽃! 그 꽃잎이 "시간을 밟는다"는 것은 무엇을 가리키는 것일까. 봄꽃이 시간을 이겨낸다는 것일까, 아니면 시간의 움직임 속에서 더불어 피고 있다는 것일까. 첫 행의 "물속 같은 세월 지키고 있다"는 것으로 보면 뒤의 해석이지만 "시간을 밟는다"의 윗행 마지막이 "움직이지 않는데"는 시간의 정적 속에 꽃잎만은 살아 움직이고 있음을 말해주는 듯하다. 해석은 그 어느 한쪽에 있는 것이 아니라 시간에 저항하면서도 시간에 귀속하고 있는 두 양태를 동시에 품고 있을 것이다. 분명한 것은 소멸하는 절집의 공간 속에 피어나 있는 꽃도 시간의 운행을 밟고 있다는 것이고 시인은 이 모든 것들을 시간의 움직임, 그것의 양상 속에서 바라보고 있다는 점이다(「석남사 가는 길」에서 그에게 시간의 은유가 되는 침묵은 "바위꽃 피우기도 하고 돌계단 허물어/세월 에돌아 가게도 하지만/솜양지꽃 피는 봄 막지는 못한다"고 생각하고 있다). 시인은 이렇게, 우리가 시간과 더불어 살고 있음을 「호탄리의 시간들」은 보여준다: "시인은 물소리와 함께 나타나/시간의 얼굴을 들여다보다가 미소를 짓기도 하고/시간의 얼굴에 수염 자란 자신의 얼굴을 대보기도 한다/시간은 시인의 몸으로 스며 시인을/붉은 해 떨어지는 산자락 아래 눕히기도 하고/침묵들이 쌓이는 거룩한 언덕에 세우기도 한다." 시인은 그러니까 시간과 동행하며 시간과 하나가 되어 시간이 눕히고 세우는 대로 시간을 살아가고 있는 존재이다. 그래서 시간은 '두려움'이고 '상처'이며 내 "육신 찌르고 들어"오는 '폭력'(「시간들의 풍경」)이지만 그러므로 그것은 세계이며 존재이고 운명이며 침묵이 된다. 「시간들의 종말」은 그 구체적인 물상을 통해 시간의 형이상학적 양상을 이렇게 뛰어난 형상으로 그려주고 있다.

> 시간들의 늙은 웃음 소리 쌓이는 골짜기에 와 있네
> 언약의 피멍 흘러온 강물들 조용한 몸짓으로
> 내 안에 와서 누우며 시간들의 낡은 몸 끌어안네
> 풀잎 한 잎의 고요한 흔들림 위에 시간들이 얹히고
> 시간들이 침묵처럼 잠들고 시간들이 저 홀로 깨어
> 달빛에 몸을 맡길 때 풀잎은 시간들이 쓸쓸해 보였네
> 쓸쓸한 시간들, 웃음 소리가 시간과 함께 늙어갈 때
> 시간들은 내 모든 것을 조용하게 만들었네

시간과, 그것이 데불고 오는 소멸은 슬프고 그 슬픔을 바라보는 이는 그것으로써 상처가 되고 회한을 안게 된다. 김윤배는 이 과정을 우리에게 보여주어 설명하는 것이 아니라 그가 자리하여 바라보는 정경 속에 우리를 함께 앉혀 놓고 그가 느끼는 정서와 하나가 되도록 공감의 자장을 펼쳐놓는다. 그것은 보들레르의 「교감」이 일으키는 상징주의의 시적 효과이며 자연과 시인의 서정이 동화하듯이 시인과 우리가 서정적으로 동화당하고 있음을 의식하게 만든다. 그렇기에, "고여 있는 시간의 삼투"에 이은, "달빛이 나를 삼투"(「안면도 시편」)하고 있음, "열매는 [……] /더 많은 바람을 보내며/스스로 바람이"(「바람 속의 열매」) 되고 있음이라는, 시인의 대상과 자아에 동화를 우리 자신의

그것으로 자연스럽게 우리가 동의하지 않을 수 없게 된다. 그것이 김윤배 시의 힘이고 우리로 하여금 감동하게 하는 시적 자산이다.

김윤배의 시는 아름답고 정밀(靜謐)하다. 홍정선은 10년 전의 그의 시집 『강 깊은 당신 편지』에 대해 "언어들의 소리와 빛깔과 형용들이 만들어내는 분위기를 중요시하고 있는" 점에 주목하고 있지만 이번에는 거기에 시의 핵심적인 덕성인 은유의 아름다움을 더하여 뛰어난 시집을 만들고 있다. 나는 그가 근래 깊이 매여 있는 '시간'이란 것의 존재성을 형상화하는 데 시선을 모았지만, 그의 따뜻한 서정이 찾아가는 곳곳과 사람들, 처음에 든 '소요와 비예'의 시들에 대한 감동을 고백해야 했을 것이다. 가령 "오랜 세월을 두고 깊어져/바이칼 호수처럼 장엄"해진 "아내의 시간"에 대한 시인의 시선(「깊고 슬픈 강물」), 시인 김명인을 보러 간 곳에서 복사꽃의 낙화를 보며 "꽃눈 밀어올리던 힘은 이처럼 허망하여/낙화로 더러운 세상 미쁘게 건너야 한다는 것"을 생각하게 된 슬픔(「조치원」), 아마도 김지하의 시를 읽으며 느꼈을, "뭉텅 잘린 가지에 슬픔 뭉쳐 새순 돋고/뭉텅 잘린 가지에 분노 솟구쳐/죽음 부르는 저 극단의 선택/그것이 꽃이고, 열매"임을 깨닫는 전율(「무화과나무의 힘」), 그리고 할머니·어머니·동생 등의 혈육(아버지는 전혀 나타나지 않는다. 왜일까?)에 대한 애정과 연민이 그렇다. 그리고 시간과 소멸이 가져다주는 슬픔의 정서들과 쓸쓸한 정경들, 그러니까 칼국수 파는 가게만 있을 뿐 이제는 사라져버린 "배론, 슬픔 많은 땅"(「배론을 찾아서」)

을 비롯한 시인의 순례지들도 방문하여 나의 감동을 고백해야 했다. 그러나 나는 "사과나무 전정을 하며"「상실이 오랜 후에」힘이 되는 것을 깨닫는 시의 마지막을 다시 읽는 것으로 이 시집이 일구는 소멸에의 슬픔에 대한 나의 감동을 대신해야겠다.

> 분신으로 한 시대를 꽃피웠을 때
> 상실이 오랜 후에 힘이 될 것을 의심하지 않았던
> 그대 죽음 기리는 일이란
> 그대 다녀간 이 세상은 봄이면 온갖 꽃들 피어
> 긴 겨울 눈꽃 생각케 하지만 상실이
> 더 오랜 후에 소멸인 것을